「人の力を引き出す」クリロンの人材マネジメント

クリロン化成株式会社
代表取締役社長
栗原清一

社員がいきいき働く会社

ダイヤモンド社

プロローグ

「働く女性の問題」は、女性のことだけを見ていても解決はしない

「クリロンさんは、女性が元気に働いていていますね！」

社外の方から、よくこんな言葉をかけられます。

二〇一六年には、大阪市が認証する「大阪市女性活躍リーディングカンパニー」で最優秀賞を、二〇一一年には、「ハッピーキャリア企業表彰 ｗｉｗｉｗ賞」（ＮＰＯ女性と仕事研究所・株式会社ｗｉｗｉｗ共催）を受賞するなど、これまでにいくつかの賞もいただいてきました。

社外からそうした評価をいただけることは、とてもありがたいことです。

「女性活躍」という言葉が広く注目されるようになったのは、二〇一六年の「女性活躍推進法（女性の職業生活における活躍の推進に関する法律）」の施行が大きなきっかけでしょうか。また、「企業におけるダイバーシティの推進」のひとつの側面として、女性の働き

方や女性人材の活用について議論されることもあります。そうした世の中の流れを受けて、私たちの会社のことも取り上げていただいているのだと思います。

ただ、当社がこれまでことさら「女性活躍」に力を入れてきたかといえば、実はそんなことはありません。

「女性が活躍するための経営のコツはあるのですか？」と尋ねられたりもします。そんなとき私は、冗談半分に「女性を女性だと思っていないからです」などと答えたりします。それは、男性のような女性ばかり、女性社員も男性と同じように働いている、という意味ではありません。

私が経営者として大事にしているのは、男女を問わず、すべての社員が元気にやりがいを持って働けているか、ということ。特に女性だからどうのという問題ではないのです。

二〇年以上前のことです。東京都の労働研究所から「女性の働く場として進んでいる企業の話を聞きたい」という依頼があり、女性の方二名が当社を訪ねてきました。聞くと、三十数社を訪問して共通性などを調べている、とのことでした。

私が「どういう経緯で当社を選んだのですか」と尋ねると、「求人雑誌の募集広告を見て」との返答でした。一般に女性向けの募集広告は、華やかだったり、楽しそうだったり、職場のムードを訴えるものが多い中で、「クリロンさんの広告は『長く働いてほしい』などと謳っていて、他社の募集広告とは中身がまるで違っていた」から、興味を持ったのだとおっしゃっていただきました。

続いて、私は「そうした会社には、働くことへの共通したものの見方、姿勢があるのではないですか？」と質問しました。すると、相手も「そのとおりです」と頷いて、こう話してくれました。

「私たちもそうした印象を持っています。つまり、女性だからというのではなく、働く人に対する企業の考え方や姿勢の違いが根本にあると感じています」

このときのやりとりをいまでも鮮明に覚えているのは、経営者として私がずっと考え、取り組んできたことの方向性が間違っていないと、彼女たちのこの言葉を通じてあらためて確認できたからです。

たしかに、女性が働くことには、男性に比べていくつかの特有な課題があります。女性は、結婚、出産、子育てと続くライフサイクルの節目でキャリアが断絶しがちです。また、結婚や出産の節目にキャリアを継続させる場合でも、女性には男性以上にさまざまな負担がかかります。たとえば、乳幼児はひっきりなしに病気にかかりますが、子どもさんからすれば病気のときにはお母さんにそばにいてほしいもの。結果、女性は仕事を休んだり、遅刻・早退することが多くなります。早退や欠勤をするたびに会社や同僚に迷惑をかけてしまい、申し訳ない気持ちを抱いている方は少なくないのではないでしょうか。

女性の社会進出、女性の活躍という議論がなされるとき、多くの場合、右のような女性が働くうえでの特有の課題をどう解決するか、女性が働きやすい環境をどうつくるか、というテーマが主題となりがちです。

しかし私としては、そうした働く女性の問題は、女性のことだけを見ていても解決はしないと思うのです。

当社でも働く女性を支援するために、「短時間勤務」「在宅勤務」「早期復職支援」などの育児支援制度や、パート社員の一三〇万円の壁（給与が年一三〇万円を超えると社会保険料の負担が発生するため、手取り収入が減少すること）をなくすための時給上乗せ制度などをつくって運用してきました。

それらの制度の根底にあるのは、男女を問わず、「人が働くこと」そのものをどう考えるか、ということです。そのベースがあったうえで、女性が働くことを考えるという姿勢があってこそ、働く女性の問題はきちんとした俎上《そじょう》に載せられるのだと思います。

人の力を引き出す「人材マネジメント」

人が働く第一の目的は、「金銭（給料）を得ること」です。働いて給料を得て、自分や家族の生活を成り立たせているのですから、給料を得ることは絶対に必要なことです。また、その金額が、会社や事業への自身の貢献度に見合っていると納得できることも大切です。仕事で大きな成果を上げたにもかかわらず、その貢献が給料に反映されていなければ、不満を感じ、働く意欲が下がります。

では、貢献に見合う金銭さえ得られれば、人は働くことに対して十分な満足感や達成感が得られるものでしょうか。私は「金銭だけでは足りない」と考えます。

人は働くことを通して、金銭的な報酬（給料）とともに、精神的な報酬も得たいと欲しています。精神的報酬とは「心の充足感」であり、たとえば、自分の能力を発揮すること、社会に貢献すること、他者に認められること、自分自身の成長の実感することなどを通じて得られます。職場の人たちとも、良好な関係で働きたいと望んでいます。金銭を得るために心と精神が貧しくなる働き方も世の中には少なくありませんが、それは人を不幸にしてしまいます。

金銭面と精神面の両方の報酬（リターン）を得ることが、働くことへの動因（インセンティブ）を構成し、それらが現実に得られているという実感が働くことへの満足感となります。満足感を得られれば、勤労への意欲や活力にさらにフィードバックして、好循環が生まれていきます。

金銭面と精神面、両方の価値が満たされてこそ、人は〝いきいき働く〟ことができます。そして、そうした働き方を実現する柱となるのが、本書のテーマである「人材マネジメント」なのです。

当社の人材マネジメントの特徴は、「人の力をどのように引き出すか」を徹底して考えている点です。


企業内において人の成長を促すには、二つの面からアプローチをする必要があります。ひとつが「個人の意欲や能力をいかに高めるか」。

そのために、当社では「昇格チャレンジ制度」「社内資格制度」「社内通信教育制度」「産休・育休制度」など、さまざまな制度をつくって運用してきました。また、先述したように働く意欲には金銭面での報酬、すなわち給与が深く関わるので、「処遇」や「給与体系」

の改善や見直しも時機を見ながら適宜行なってきました。人材マネジメントの諸制度については第2章で、処遇や給与体系については第3章で詳しく解説をします。

もうひとつは「他者（まわりの人）といかに関わるか」。

企業で働くとは、すなわち組織・チームの一員として働くことです。人がチームのメンバーとして活動するとき、必要になるのが「協働能力」です。協働能力の核心は「人の力を引き出す能力」であり、つまり人は組織の一員として働くことで、まわりの人の力を引き出す一方で、まわりの人から力を引き出してもらい、組織全体として成長していくことが理想的な組織・チームのあり方だと言えます。第4章では、自分もまわりも成長させる人との関わり方――「協働能力」「参加型ＰＤＣ」「３Ｃ――コミュニケーション(communication)、コーディネーション（coordination）、コワーク（cowork）」など――について取り上げます。

成長し、できる仕事が増えていけば、企業や社会に貢献している充実感や達成感が得られますし、まわりからの評価も得られます。自己に対する肯定感や自信も持てます。また、職務や貢献の拡大に応じて給与も増えます。

さらに個々人の成長は、ひいては会社の成長にもつながります。第1章で詳しく解説しますが、当社は創業以来「価値創生企業」を目指しており、その目標実現の鍵となるのが

「人（人材）」であり、人を育てる「人材マネジメント」なのです。

価格競争から価値競争へ

いま、日本では働き方改革が叫ばれています。何を目標にどんな事業を行なうのか、社員にどのように働いてもらうべきか、など企業のあり方が問われている時代だと思います。

そんな時代にあって当社は、プラスチック複合フィルムの製造・販売を通じた「価値創生企業」を目指すことを企業理念として掲げています。

日本の産業は、あらゆる分野で成熟期に入っています。われわれのプラスチックフィルムの業界は特にその傾向が強く、戦後の石油化学産業の発展とともに拡大し、主な製品はすでに高度経済成長期に市場に登場し、その後は飽和状態になっています。

成熟した業界では、往々にして価格競争が激しくなります。製品やサービスが出揃い、新規性や他社との差別化を打ち出すことが難しくなった結果、「すでにある製品・サービスをいかに安く提供し、他社との競争に勝つか」という価格面での競争にフォーカスしていくようになるのです。

私は、価格競争自体は否定しません。コストを適正に抑えて、価格を下げることは、企業として必要不可欠な努力です。ただし、過度な価格競争に陥り、そこで優位に立つため、人件費などを無理やりに削って価格を下げ続けることは、仮に目先の競争に勝てたとしても、その先に未来はないと考えます。

人の働く意欲には、金銭的な満足感が深く関与しています。自分の貢献に見合わない安い給料で働かされ続ければ、社員は「がんばって働こう」「もっと成果を上げよう」という意欲を失って会社の業績は下がるでしょうし、そもそも「こんな会社では働けない」と辞めていってしまいます。新たに若い人材が入ってくることもないでしょうし、仮に入ってきたとしてもすぐに離れていってしまうはずです。結果、その会社も、価格競争を繰り広げる業界全体も、停滞し、衰退していくことは必然です。

そうした価格競争の悪循環に陥らないためのひとつの方策が、「価値競争」への移行なのです。

これからの企業は、どれだけの価値を社会にもたらせるかが決め手となります。では、その価値はどのように生み出していくのか。われわれのようなメーカーにとっては、価値を生み出すのは製品であり、製品をつくり出す技術です。そして、新しい製品や技術の開発、すなわち「価値創生」に不可欠なのが、「社員一人ひとりの知恵と工夫」だと、私は考えています。

労働人口の減少、働く人や働き方の多様化などに直面する現在、働く人たち一人ひとりの力を最大限に引き出し、活用することは、企業経営において最も重要な課題であることは間違いありません。真の働き方改革とは、単に雇用形態や待遇、労働時間の改善の問題ではなく、働く人たち一人ひとり（そこにはもちろん、子どもを持つ女性、シニア層、障がい者、外国人なども含みます）が業務を通じて常に成長し、より高度な働き方が実現できる環境をつくっていくことだと思います。

本書で紹介する当社の取り組みが、人材マネジメントのためのひとつのヒントやきっかけになればと願っています。

目次

第2章 社員がいきいき働く会社

第3章 中小企業だからできる処遇と給与体系

第4章 社員をひとつにする協働と組織文化

エピローグ

第1章

クリロンが目指す「価値を創生する企業」

国内唯一の「五層共押出し専業メーカー」として

「クリロン化成」という社名を耳にして、きっと多くの方が「いったい、何をつくっている会社なのだろう?」と思われたのではないでしょうか。

当社が製造しているのは、種類の異なるさまざまな合成樹脂（プラスチック）を重ね合わせた複合フィルム（積層フィルム）です。身近なところで言えば、肉や魚などの食品を包装している真空パックのフィルムがあります。食品の包装は、製造時から流通、そして消費者に届くまで、安全が保たれていなければなりません。クリロン化成のフィルムは、製造段階での熱処理工程や冷凍輸送、加熱調理など、さまざまな用途で使用され、中身の食品を保護しています。また、食品包装のほかにも、機械部品や電子部品、医療機器・衛生材料など、さまざまな分野で当社の複合フィルムが使われています。

日本国内に複合フィルムメーカーは数多くありますが、クリロン化成の特長として、第一に「国内で唯一の五層共押出《きょうおし》し《だ》の専業メーカー」であることが挙げられます。

当社は、独自の「水冷インフレ五層共押出し法」という製法を用いて、さまざまな複合フィルムを製造しています。一般の方には馴染みのない言葉だと思いますので、少し説明をさせていただきます。

まず「五層共押出し」。五層とは複合フィルムの層の数で、共押出しとは製法の名前です。複合フィルムの製法には、「共押出し法」のほかに、「ラミネート法」があります。

ラミネート法は、その名称のとおり、複数の樹脂フィルムを貼り合わせる方法です。複合フィルムの製法としては、共押出しよりも古く、多くのメーカーが採用しています。ただ、既製の樹脂フィルムを貼り合わせる技術なので、ラミネート用の素材フィルム（ラミ原紙）をメーカーから購入しなければなりません。つまり、製法上、ユーザーのニーズに応じて、特殊な樹脂を使った複合フィルムを製造したり、小ロットのオーダーに対応したりすることが難しいという弱点があります。

一方、共押出し法は、複数の押出機から各々異なる種類のプラスチック（樹脂）を押し出し、それらをひとつのダイ（成型器）に導入して、ダイの中で重ね合わせる技術です。既製の素材フィルムは不要で、樹脂さえ販売されていれば、それを購入して自社で積層フィルムを製造できます。

フィルムの層の数がまだ三層が主流だったころは、ラミネート品のほうが共押出し品よりもコストパフォーマンスがよいため、共押出し品はラミネート品のニッチ（隙間）としての位置づけでした。しかし、五層フィルムの登場によって、両者の技術的な差別化がより明確になりました。

複合フィルムの性能を高めるには、積層する樹脂の種類を増やすことが第一です。ただ、ラミネートではフィルムを貼り合わせていくので、層の数が増えれば貼り合わせる回数が増えて、コストも割高になっていきます。

かたや共押出しは、複数の樹脂を一気に積層できるため、設備さえ揃っていれば、層の数が増えても作業工程自体はあまり変わりません。また、特殊な樹脂を含め、さまざまな樹脂からなる複合フィルムを製造することもできます。つまり、かつてはラミネートのニッチだった共押出しは、五層になってはじめて、ラミネート法にはない決定的な技術的な強みを獲得できたわけです。

次に、「インフレ」です。インフレとは、「インフレーション法」という成型方法の略です。先ほど、共押出し法の説明の中で「複数の押出機から押し出された樹脂が、ひとつのダイ（成型器）の中で重ね合わされる」と書きましたが、重ね合わされた樹脂は、丸くて長い筒（チューブ）状になってダイから出てきます。そのチューブは、回転する一対のロールに挟みこんだり、チューブ内に空気を送り込んで膨張させたりして、薄く引き伸ばしてフィルム状にしていきます。そうした工程をインフレーション法と呼びます。フィルムはチューブ状で成型されるため、内面の衛生性が保たれるというメリットがあります。

また、チューブはロールに入る前に、空気または水で冷却します。冷却方法の違いによって、それぞれ「空冷法」「水冷法」と呼び、当社が採用しているのが水冷法です。水冷法は水で急冷するため、フィルムが透明でしなやかな独特の風合いになり、空冷法では加工しづらい樹脂の加工もできるなどの強みがあります。

以上の「五層共押出し」「インフレーション法」「水冷法」という技術を組み合わせることで、当社は柔軟性・透明性・光沢感などに優れた、独自の複合フィルムを生み出しています。

クリロン化成のもうひとつの特長と言えるのが、「製造設備をすべて自社設計でつくっていること」です。内製設備で製造する樹脂加工メーカーは、私の知るかぎりにおいて、世界的にもあまり例がないのではないでしょうか。

当社では、サイズや形状が決まった「規格袋」のほか、「別注品」や「開発品」にも力を入れています。特に開発品では、サイズや形状はもちろん、原料やフィルム各層の厚みまで、ユーザーの要望や用途に応じて自由な設計ができるようにしています。

そうした製造ができるのも、製品の企画から、その製品を具現化するための技術や設備の開発管理、そして実際の製造と販売まで、すべての工程を自社で完結できる体制を取っているからです。製造設備を自社で開発し、管理できる技術を持っているからこそ、われわれの製品開発のポリシーである「ユーザーの声をフィルムに表現する」ことが実現できるのです。

目指すのは「利益」ではなく「価値創生」

複合フィルムの製造・販売という事業を展開していくにあたって、当社が最も重視していることは「価値の創生」です。

一般に、企業とは「利益の獲得を目的とした営利組織」と考えられています。辞書で「企業」を引けば、「営利を目的として継続的に行なう経済的事業」などと記されています。経済学や経営学の分野でも、企業の経済的目的は「利益の追求」「利潤の最大化」と見なされて、その大前提から企業や経済の活動を解明しようとしています。

しかし、私の考えは違います。今日の企業にとって最も重要なことは、新たな価値を創生し、それを市場に供給し続けることです。

企業が市場競争の中で生き残っていけるかは、時代の要求に適った価値ある製品やサービスを提供できるか否かにかかっています。ほかの企業がすぐに真似できる製品やサービスでは、直ちに価格競争に巻き込まれて疲弊してしまいます。すぐには価格競争に巻き込まれにくい高い価値を持った製品やサービスをつくり出し、それを迅速に市場に拡散し、供給を維持し続ける。こうした経営行動が企業にとっての最重要の課題なのです。

では、「価値」とは何か？ 私は、二つの観点から考えています。

ひとつが、「社会における価値を決めるのは誰か」という観点です。

一般的には、「市場での需要・ニーズがあるものが、社会的価値がある」と考えられています。「人々が『価値がある』と認めているから、需要・ニーズがある」という考え方です。ただ、この考え方だと、「ニーズに応じた供給をすることが社会的価値を供給することであり、得られる利益は社会的価値を供給した結果である」という論理に発展し、価値と利益の相反を論じたり、価値を直接論じたりすることが意味をなさなくなってしまいます。

また、「需要・ニーズ＝価値の希求の表われ」と見なしてしまえば、企業の経済的目的は、市場の需要に応じて製品やサービスを供給して利益を得ること、という結論ですべては丸く収まってしまうのです。

私が言う「価値」とは、そうした考え方とは異なります。そもそも、需要と社会的価値をそのまま同じだとは見なしておらず、市場での需要をそのまま人々の価値認識の表われとは考えていません。

大事なことは、社会的価値それ自体を、供給者である企業自らが検討し、評価・判断することです。

供給する製品やサービスについて最も熟知しているのは、買い手である消費者ではなく、売り手である企業の人間です。売り手側の人間が、「製品・サービスの社会的価値」や「買い手にとっての値打ち」をまずは考える。企業とそこで働く人々が、「利益を得る」や「売れる新商品」を企業目的として行動するのではなく、社会的な価値をもたらす製品やサービスを市場に供給することを根本に置いて企業活動を営む。そうしたスタンスが、私が目指している「価値創生企業」の出発点になります。

価値を考える、もうひとつの観点は「企業が創り出す価値（付加価値）をどのように測定するか」です。

付加価値とは、文字どおり付加された価値のことです。さまざまな製品やサービス（財）

が価格で金銭評価されて市場で売買されますが、ある財をつくり出すには原材料などで、ほかの財が費消されます。つくり出された財と消費された財の差額が、付加価値となります。企業の社会に対する経済的な貢献は、企業が生み出す付加価値で表わされます。

営業利益や経常利益などの各種利益は、会計のルールに則れば計算できます。では、付加価値はどのように算出すればいいのか。調べるといくつかの算出方法があるようですが（日銀や省庁によって異なります）、私は次の計算式で考えています。

「付加価値＝人件費＋利益」

この式に表わされているように、「利益」と「付加価値」を区別する決定的なポイントは「人件費」をどう捉えるかです。

利益から見れば、人件費は経費の一部です。利益追求の立場に立つと、利益と人件費はトレードオフ、つまり「あちらを立てれば、こちらは立たず」の関係となります。人件費を増やせば利益は減りますし、その逆も成り立ちます。根本的な相反関係と言えます。

一方、付加価値追求の立場に立てば、利益と人件費はトレードオン（あちらを立てれば、こちらも立つ）の関係となります。企業活動によって創出された付加価値をどのように利益と人件費に振り分けるか、という分配面においてはトレードオフになりますが、利益追求の場合のように根本的な相反関係ではありません。付加価値を増やしていけば、利益も人件費もともに増えていくという関係性が成り立ちます。

人件費を経費と見る考え方は、企業を営利組織だとする立場と軌を一にしています。この立場は、企業の経済業績を示す損益計算書の枠組みに端的に表現されています。損益計算書では、人件費は経費の範疇で扱われているからです。

企業が付加価値獲得を目的とした経済主体であるとする立場に立つと、損益計算書の枠組みも変わってきます。その場合には、売上から仕入れと人件費以外の経費を差し引いて付加価値を算出し、次に付加価値の分配として人件費や利益、償却費などを記載するかたちになります。

付加価値を基本とする損益計算書は公式の様式として見なされていないため、どの企業も作成してはいないと思います。しかし、当社では「付加価値計算書」を作成し、決算書本体に組み込んでいます。作成は、費目の組み替えだけで簡単にできます。一般的な損益計算書とこの付加価値計算書を比べてみれば、企業活動の経済的業績の評価として、両者から受ける印象は大きく違っていることが実感できるはずです。ぜひ、一度作成してみることをおすすめします。

以上、価値に関する二つの観点を踏まえると、企業活動の目的は次のようにまとめることができます。

「社会的価値の供給による付加価値の追求」

企業、およびそこで働く人々は、自分たちの製品やサービスが社会に価値をもたらすかどうか、常に考えながら活動をする。売り手自らが製品やサービスの価値を問題として「よいもの」を売ろうとすれば、社会は全体として「よいもの」を買うことができるようになります。それは、企業が行なうべき社会貢献のひとつです。働いている人たちも、企業を介して社会に貢献している実感を持てれば、自分たちの仕事への満足感や誇りを得られるはずです。

そうした社会的価値の供給を行ないながら、企業が生み出す付加価値の最大化も目指す。付加価値が増えていけば、利益も人件費もともに増えていきます。結果、企業も存続できますし、社員も満足感を得られて、働くことへの意欲をさらに高めることができるのです。

社会的価値供給の実例——防臭袋「BOS（ボス）」

近年、最も注目された製品が、二〇一二年から販売している防臭袋「BOS（ボス）」でしょうか。BOSは、臭いのするものを袋に入れて結ぶだけで、悪臭を驚くほど閉じ込めてしまう画期的な製品です

当社はもともと、医療向けに便を収容する袋専用のフィルムを開発・製造してきました。このフィルムは、日常生活で身体に直接装着して使用されるため、肌に触れたときに優しい柔らかさ、破れない強度、音がしにくく、臭いが漏れない……と高度な性能が求められます。この開発で培われた技術を応用し、防臭袋BOSの基礎技術ができ上がりました。

二〇一一年、この技術を活かして、世の中にもっと役立つ方法がないかと検討を始めました。当初は、フィルム素材として製造者向けに営業活動を進めましたが、取り扱ってくれる企業はなく、ほぼ全敗の結果でした。防臭用の袋が世の中に必要とされないはずはない。ならば自分たちの力で、消費者に向けた製品を開発し、販売しようと取り組みをスタートさせました。

当社には、子育て中の社員が大勢います。開発メンバーも子育て世代だったので、必然的に赤ちゃんのおむつ処理やワンちゃんのうんち処理で活用できないか、検討を進めました。自分たちにとって、「買ってうれしい、使ってうれしい」ものへと改良を進め、二〇一二年に、当社初の一般消費者向け商品としてBOSを完成させました。

発売当初から、多くの方々に高い評価をいただき、さまざまな用途に活用され、消費者ご自身でBOSを広めていただけるようにもなりました。社会的価値の供給と言うと偉そうですが、「これすごいよね。助かっている」「つくってくれて、ありがとう」「BOSに出合うまで臭いストレスとの戦いだった」……などのお声をいただき、メーカーとしてとてもうれしく幸せなことだと実感しています。

BOSを世の中に出すことで、いろいろな方とのつながりもできました。そうしたつながりから生まれた商品が「BOS非常用トイレ」です。

BOSに加えて、吸水材などを当社が独自にアッセンブリーしたこの製品は、防災士の方々や避難生活をされた方々から、避難生活でBOSの高い防臭力がとても役に立ったというお話や、お手紙をいただいたことが、開発の大きなきっかけとなりました。地震や水害で家屋が全半壊したり、断水や停電になったりすると、トイレの問題が深刻な課題になります。排泄をがまんすることによる健康被害や、臭いや汚物処理の衛生問題に直結するからです。当社の技術を活かして、こうした被災地のトイレや臭い問題の解決に役立つ商品を社会に送り出そうと製品化を進め、「ＢＯＳ非常用トイレ」が完成しました。現在でも、製品をさらに改善する努力を続けています。

存続責任を果たすために不可欠な「経営革新」

企業には、さまざまな責任があります。

その第一は、これまで述べてきたように価値あるモノやサービスを供給することで社会に貢献することです。第二は、企業活動を通じて、働く人たちを社会に結びつけたり、働く場で人々をつないだりして、勤労によって人々の能力を向上させるという、働く人への責任です。私は、この二つが企業の根本的な責任だと考えています。

後者の責任については語られる機会が少ないのですが、その重要性は近年ますます高まっています。企業が「社会の公器」だと言われるのは、この二つの面で公の存在としての社会的役割を有するからです。二つの社会的責任をきちんと果たしている企業が真っ当な企業であり、それは企業の規模や利益の多寡など、外面的な様相とは一切関係がありません。

企業活動を存続し続けることも、企業の責任のひとつと言えます。

社会への供給責任に存続責任があるのはもちろんですが、それ以上に重要なのは社員に対する存続責任です。社員が安心して働き続けられることは、企業が担う大切な社会的責任だと私は考えます。昔から「若いころの苦労は買ってでもしろ」などと言われますが、年長者になってからは若いころの苦労が報われて、金銭面での苦労がない、落ち着いた暮らしを送りたいと誰もが願っているはずです。ある企業で働き続けて四〇歳、五〇歳となったとき、もしその企業が存続できなくなれば、働く人に大きな苦労がのしかかります。また、さまざまな企業を渡り歩く人生もありますが、できれば同じ企業で長く働いていたいと多くの人は考えているのではないでしょうか。そうした人々にとって、企業が存続し続けることはまさに働くことの大前提になります。

では、どうすれば企業は、存続の責任を果たすことができるのでしょうか。

ひとつには、これまでの話とも共通しますが、社会的価値のある製品やサービスを市場に提供し続けることです。まやかしの価値を社会にもたらす企業は、長く存続することは不可能です。

しかし、真っ当な社会的価値も時代とともに変遷していくので、同じ事業を続けているだけでは、栄枯盛衰が避けられません。事業が創始されると次第に売上が増えて成長期を迎えますが、やがて売上は停滞して成長が止まり、売上が下がり始め、事業は終焉期を迎えます。企業が営む事業には必ず寿命があるのです。寿命の長さは、事業内容や競争環境で異なるので一概には言えませんが、およそ二〇〜三〇年程度と言われています。

事業の寿命が企業の寿命になってしまえば、企業は存続できなくなります。事業に寿命がきても企業が存続し続けるためには、既存事業に代わる新規事業が企業を支えるように脱皮していかなければなりません。

ただし、この問題は大企業に比べると、当社のような中小企業は極めて不利な状況に置かれています。

大企業は事業規模が大きく、大きな事業は寿命が長いのが通例であるうえに、豊富な経営資源を背景として複数の事業を多角的に営めます。多角化によって、ある事業が成長期を過ぎて衰退期に入ったとしても、代わりにほかの事業によって企業経営を支えることができるのです。多角化した大企業を見ると、すべての事業部門で栄えている状況は例外的で、たいていはそれぞれの事業部門に栄枯盛衰があり、栄えている事業が企業を支えていることがほとんどです。

しかし中小企業は、大企業のようにはできません。中小企業では、一企業一事業が基本だからです。中小企業は、その少ない経営資源の分散投入をできるだけ避けねばならず、特定分野に集中投入しなければなりません。中小企業でも複数の事業を営むことは不可能ではありませんが、それには固有の技術か、市場を有していて、同一あるいは関連性がある分野に展開するのが大前提となります。事業間の重なりを欠く多角化は、大企業でも簡単ではなく、まして中小企業にとっては命取りとなる危険が高いからです。

とはいえ、事業には寿命があるため中小企業であっても新規事業への展開が不可欠です。一事業への集中と新事業への展開――この両者の必要条件はまさにトレードオフの関係ですが、それを両立させなければ中小企業が長期にわたって存続し続けることはできません。つまり、中小企業が企業の寿命を保ち続けられるか否かは、既存事業を営みつつ、新規事業を創出することで事業を脱皮・転換させる「経営革新」を実現できるかにかかっているのです。

クリロンが経験した二度の経営革新①
――塩ビフィルムから三層フィルムへ

当社の歩みを振り返ってみても、これまでに二度、経営革新を経験しています。

一九六〇年に私の父が創業したクリロンは、はじめは塩化ビニールフィルムを製造するメーカーとしてスタートしました。

塩化ビニールは合成樹脂のひとつで、プラスチックとしてははじめてフィルム化された樹脂です。その後、プラスチックフィルムの主流は、ポリエチレンなどほかの樹脂に移行していきましたが、いまでも薄いプラスチックの袋のことを「ビニール袋」と呼ぶのは、塩ビがプラスチックフィルムの主役だった時代の名残です。

創業時、父は四〇代半ば、社員の多くは二〇代前後。先進性に富み、塩ビフィルムだけではなく、さまざまな事業を拡大しました。しかし、一九七三年の石油危機の襲来で日本の高度成長期は終焉を迎え、同時に当社の成長も終わり、各事業にも衰退の波が襲ってきました。高度経済成長期に拡大した事業部門も競争力を急速に失い、結局、健全な事業は塩ビフィルムだけとなってしまったのです。

塩ビ事業が健全なうちに、次なる事業を生み出さなければいけない。そこでわれわれが選んだのが、当時注目を集めていた「三層共押出し」という新技術でした。

三層フィルムの代表例は、ナイロンとポリエチレンの積層フィルム、いわゆる「ナイロンポリ」です。ナイロンとポリエチレンとの間に両樹脂を接着する接着性樹脂があり、合わせて三種類の樹脂からなるため「三層フィルム」と呼ばれていました。

三層フィルムをはじめとした複合フィルムは、それぞれの樹脂の特長を併せ持っています。ナイロンポリは、内側にポリエチレン、外側にナイロンを配する構造です。ナイロンは空気を通しづらく、密閉性に優れますが、包装する際に熱でフィルム同士を貼り付けることが極めて難しい。一方、ポリエチレンは空気を通してしまいますが、フィルム同士の貼り付けが容易にできます。ナイロンの空気遮断性、ポリエチレンの熱封かん性を併せ持つのがナイロンポリであり、食品包装の真空パックなどに多用されています。

一九七六年、当社も三層事業に進出し、共押出しによる三層フィルムとして「ラミナーエースN」を発売しました。この共押出し事業への脱皮が、当社の第一の経営革新です。

ただ、三層共押出し事業の展開は、順風満帆ではありませんでした。というのも、すでに

O社という先発メーカーがいたからです。遅れはたかだか二年程度でしたが、売上では圧倒的に負けていました。当社の三層フィルムの売上は、事業開始後五年経っても年間一億円以下という、低空飛行の状態が続きました。

当社が伸び悩んだ原因は、O社は三層の専業だったのに対して、クリロンは塩ビのほか、さまざまな部門を抱えており、それらの既存事業に力を分散されていたことが挙げられます。当社の将来は、三層しかないことは明白であり、既存事業を切り捨ててでも三層に注力しなければならないことは誰の目にも明らかでした。ただ、体力がなければ手術もできません。当時のクリロンの経営状態では、三層への専業化などとてもできなかったのです。

もちろん後発だからといって、手をこまねいていたわけではありません。価格を一割ほど下げ、他社にはない製品を開発するなどして品揃えを充実させていきました。品質面での向上にも努力して、市場での評価も受けられるようになりました。

三層部門の売上が伸びたことで、徐々に過去の事業のリストラも進めることができました。整理すべき部門を整理しきってしまった一九八七年以降には、三層品の伸びがそのまま売上の伸びに反映するようになりました。当時の日本経済の拡大も追い風となり、ナイロンポリ市場は拡大を続け、当社の売上も拡大基調に展開していきました。

しかし、それでも先発と後発の差は依然としてありました。三層フィルムメーカーとして当社の差別性は小さく、製品も他社と同様の三層チューブ（サイド部分にシールがされていない筒状の袋）止まりでした。汎用品主体で、独自製品も大きな力を持たず、チューブを袋に加工する製袋や印刷などの加工体制も遅れていました。一九八五年以降は当社の成長率はO社とほぼ同じになっていましたが、O社のほうが、シェアが大きい分だけ売上額の差は大きく、収益差も拡大しました。似たような製品を似たような価格で販売しているかぎり、先発を追い越すことはできないのです。

クリロンが経験した二度の経営革新②——五層事業へ。第二の創業期

そうこうしているうちにバブル景気も崩壊し、一九九〇年まで成長を続けた三層チューブも九一年以降は伸びが停滞し、やがて頭打ちになりました。

頭打ちの原因は、ひとつにはバブル崩壊後の不況の影響がありました。しかし、仮に不況を脱したとしても、従来どおりの回復をするとも思えませんでした。

どんな事業も成長期、飽和期を経て、衰退期を迎えます。そのスパンは、事業によって

さまざまですが、プラスチックフィルムに関しては二〇～三〇年程度だと思われます。実際、当社の塩ビ事業も、創業後の数年間が最も高い収益を上げ、その後はそれなりの収益を上げつつ創業二三年目で売上が最大に達して、それ以降は漸減していきました。事業創業から二〇年ごろが峠だったわけです。

三層チューブのナイロンポリも世に出てからすでに二〇年以上が経過し、ラミネートのナイロンポリ事業に至ってはそれ以上の年数に達していました。つまり三層チューブ事業は最盛期から停滞期に入っても不思議ではない時期に差しかかっていたのです。

われわれは、三層チューブ事業の頭打ちは、世の中の不況と事業の寿命が重なったためだと判断しました。三層フィルムがすでに衰退期に入っているのであれば、次なる事業を生み出さなければなりません。そこで力を注いだのが「五層共押出し事業」への転換です。

三層事業では、先発のO社を最後まで追い越すことができませんでした。当初の段階での格差が大きく、市場の拡大期にシェアが圧倒的に不足していたからです。三層事業への取り組みを通じて、後発メーカーが先発メーカーを凌駕することの困難さを思い知らされました。

だからこそ、三層チューブが衰退期に入ったそのときに、「五層共押出し」によって先んじて新たな市場基盤を築き上げることを目指したのです。折よく、一九九一年にはようやく旧来事業のリストラが終わり、共押出し専業メーカーへの脱皮もできました。また、同年に父に代わって、私が社長に就任しました。

私は早速、一九九一年に将来を見据えて五層一号機を新設して、五層技術の活用を開始。九〇年代の後半からは、三層設備の五層への転換や、新規五層設備の設置などを積極的に進めました。


この五層事業への転換が当社にとって第二の経営革新の時代で、「第二の創業期」をスローガンに展開を進めました。前述した三層への進出も経営革新でしたが、「第二の創業期」という言葉は使っていません。それは事業開始が後発であっただけでなく、三層では共押出し事業の可能性が制約されていたからです。五層事業を展開したことではじめて、当社が共押出しフィルムメーカーとして独自の市場位置を構築できる展望が見えてきました。その地位の獲得には創業期に匹敵する努力を注ぐ価値があり、その必要性があることも明らかだったため、五層事業を第二の創業期と位置づけたのです。

われわれが最初に世に送り出した五層製品は、規格袋の「五重もん君（ごえもんくん）」という商品で、発売は一九九七年です。フィルム層は「（外側から）ナイロンA／接着性樹脂／ナイロンB／接着性樹脂／ポリエチレン」という構成で、ナイロン層を二層に分離することによって、三層ナイロンポリに比べて実用強度がはるかに改善されて、包装用フィルムとしての信頼性は格段に高くなりました。

二〇〇〇年代に入って五層事業の展開が本格化する中、次に力を注いだのは「技術融合」です。技術融合とは、技術面での異なる発展を合体させることを意味します。当社は、三層の時代からいくつかの新技術を開発していました。たとえば、インフレ共押出し法によって製造されたチューブ状フィルムからフラットフィルムをつくる技術や、チューブ状フィルムにサイドシールを施して三方袋（三辺にシール加工が施された袋）をつくる技術がそれに該当します。そうした三層時代に開発した技術を、五層技術と〝融合〟させて、五層のフラットフィルムやサイドシール品も製造できるようになりました。

技術融合の過程で誕生し、現在でも当社の主力製品のひとつとなっているのが、二〇〇一年から発売を開始した「彊美人（きょうびじん）」です。「彊美人」はナイロンポリ三方シールの規格袋で、このタイプの袋は、以前はすべてラミネート品でしたが、当社がはじめて五層共押出し品としてつくり出し、市場に出すことができました。

その後も五層設備の増設は一貫して推進して、二〇〇七年には日本で唯一の五層共押出しの専業メーカーとなることができました。以降、五層技術を用いたチューブやフラット

図1　売上推移の比較

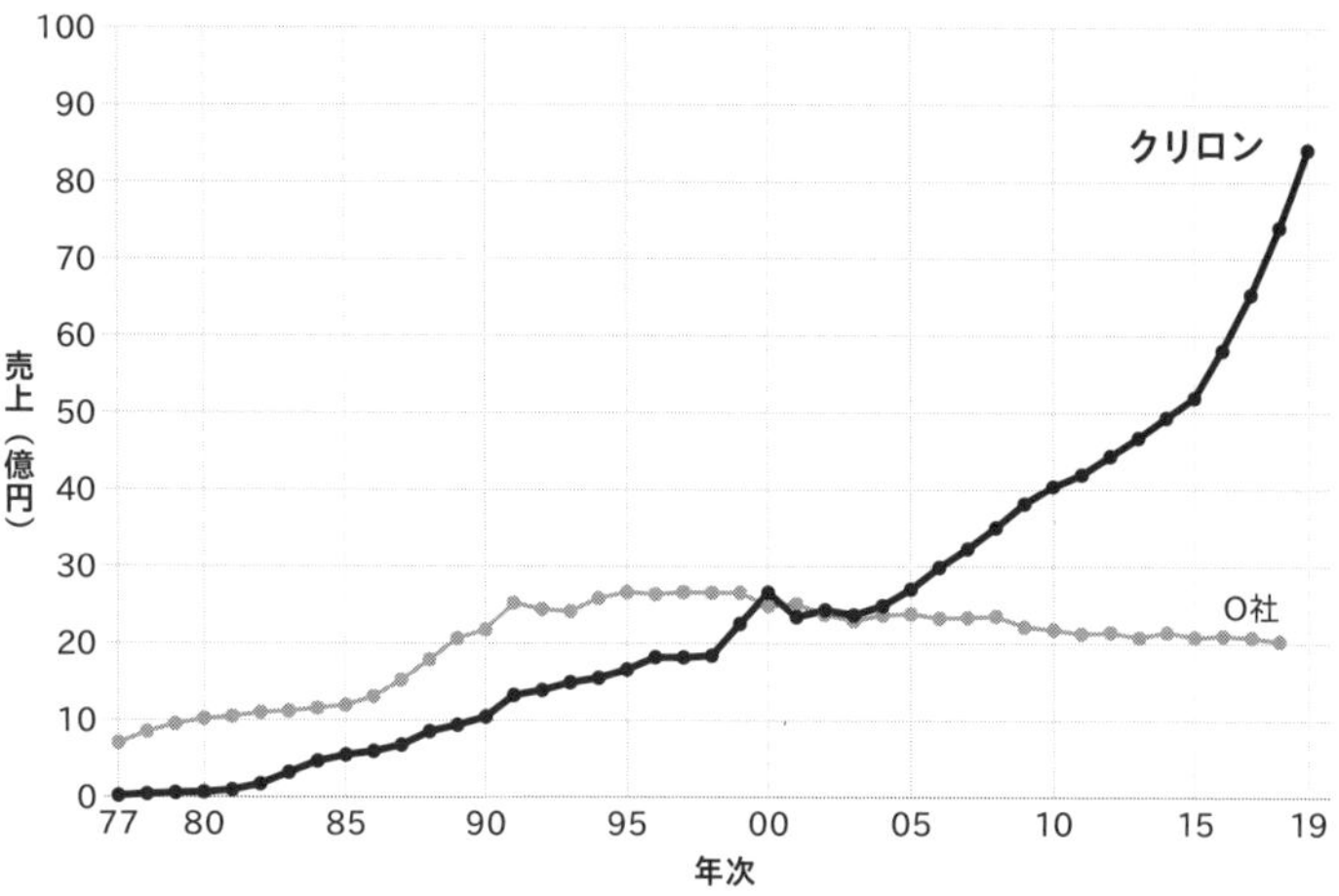

フィルム、サイドシールなどの分野で新製品を次々と上市し続けて、新製品を梃子に売上を伸長させてきました。

創立五〇周年を迎えた二〇一〇年以降は、従来からの主用途である食品分野以外にも製品開発を進めると同時に、営業面での革新も進めてきました。当社はそれまで各地の包材問屋などに汎用品を販売する営業を展開してきましたが、近年はそれにとどまらず、さまざまな事業分野のフィルムユーザー、さらには一般消費者にも関連商品を販売しています。二〇一一年にはそうした新たな販路の開拓と新製品の拡販を進めるため、開発営業部という新しい部署も開設しました。

先述した防臭袋「ＢＯＳ」は、一般消費者向けにインターネットや店舗で販売しています。フィルムメーカーが一般消費者向けの商品を自社ブランドで販売する例は稀で、営業面での新たなチャレンジと位置づけています。

働く人の知恵と工夫が価値を生み出す

当社が半世紀以上にわたって存続し、事業を継続できているのは、ひとえに時代に応じた「価値創生」を目指して企業活動を行なってきたおかげだと思っています。

本書を読まれている読者、特に中小企業の経営者の方の中には、

「新たな価値を創り出すといっても、いったいどうすればできるのか？」

「うちの会社には、そんなことができる人材もいなければ、資金もない」

とおっしゃる方もいるでしょう。たしかに、ヒト・モノ・カネ・情報といった経営資源に恵まれた大企業ならともかく、限られた人材と資金で日々の仕事をどうにかやりくりしている中小企業にとって、「価値創生」など、別次元の話に聞こえるかもしれません。

しかし、利益のみを追求する企業活動や、似たような製品・サービスの価格競争の先に未来はありません。企業を存続させ、社会や社員に対する責任を果たすためにも、すべての企業――特に価格競争に陥り、疲弊しがちな中小企業こそが、新たな価値の創生を企業目的として第一に目指すべきなのです。

現実の経済社会を見ても、そうした企業がますます力を持ってきています。まだ若く、勢いのあるＩＴ関連の産業では、生活や仕事のあり方を劇的に変える新しい製品やサービスが次々と生み出され、さまざまな社会的価値を人々に提供しています。成熟した産業でも、新たな価値を創り出し、市場に提供できている企業は成長しています。価値創生企業は、特定の産業分野に限られる企業の姿ではありませんし、企業規模の大小にも関係ありません。これからの時代の企業の力量は、価値創生力の大小で決まり、企業規模の大小が持つ重要性は次第に低下していくはずです。価値創生の面から見て、「大きな小企業」も、「小さな大企業」も出てくるでしょう。

では、そうした価値創生力は、どのようにすれば獲得し、高めていくことができるでしょうか。鍵となるのは、社長以下、全社員の知恵と工夫です。

価値創生企業では、特定の誰かがもっぱら創生する人で、他の人たちはそれに従う人、という構造は取りません。役割や能力こそ違っても、働く人たちがそれぞれの素質に応じて適材適所で知恵と工夫を発揮することが欠かせません。

ある分野の専門知識や技術を有する人、知恵を働かせて工夫することが好きな人、人と話したり交渉したりすることが得意な人、チームをまとめるのが得意な人、設定された課題に真剣に取り組むことができる人……そうした多様な人たちが集まって、それぞれの能力を最大限に開花して、いきいきと働ける状況をつくる。ほかの会社や人の真似をするのではなく、開拓者精神を持って新しい仕事や事業にチャレンジをする。そうしたことが創生力を生み出します。創生力が具体的な成果を生み、企業がさらに高度化して、それがまた優れた人材を集めるという望ましい循環構造に達すれば、価値創生型の企業には、はじめて確固としたかたちができます。

また、製品・サービスの創生や拡販にはさまざまな方面での知恵と工夫が必要とされるのですが、その多くは異なる分野や部門のプロ同士の協働によってはじめて成果が生み出せます。つまり、価値創生企業として成長していくには、「各人の創生力」とともに「相互の協働」が欠かせません。「各人の創生力」と「相互の協働」という二つの面で高いレベルの行動が自然に営まれるようになることが、価値創生企業の必須条件なのです。

一九九六年に「人材部」という部署を新設したのも、会社として社員一人ひとりの成長を支援する体制を構築するためでした。部の名称を人事部ではなく、人材部としたのは、社員の採用や処遇、労務管理といった一般的な人事部が担う職務だけでなく、「社員の力を引き出すための取り組みを行なう部署」であることをわかりやすく周知する狙いがありました。当初は、さまざまな社内研修などを人材部が主導して行なってきました。近年は社員が自発的に研修を企画したり、相互の協働を通じて能力を高め合う関係が徐々にできるようになってきたため、人材部は社員たちの自発的な活動をサポートする事務局的な位置づけになっています。

当社が、第二の創業とも呼べる五層事業へと転換できたのも、さまざまな新製品を開発し、販路を開拓できているのも、新しい製品を製造する設備を自社設計できているのも、すべては社員一人ひとりの知恵と工夫、そして協働の成果です。経営者である私自身の力や、一部の社員の力だけでは、到底ここまでのことはできなかったと思っています。

次章以降では、社員の知恵と工夫を引き出し、協業を促すために、当社がこれまで行なってきたこと、すなわち本書のテーマである「人材マネジメント」の具体的な取り組みについて解説をしていきます。

第2章

社員がいきいき働く会社

人は何のために働くのか

社員一人ひとりの知恵と工夫を引き出し、価値を創生していくには、それを実現するための組織や仕組みをつくり、マネジメントを行なっていかなければなりません。

当社では「昇格チャレンジ制度」「社内資格制度」「産休・育休制度」など、人に関するさまざまな制度を運用していますが、こうした諸制度も「一人ひとりの知恵と工夫を引き出し、価値を創生する」ために四半世紀以上の長い歳月をかけてつくり出し、改革し、徐々に整備していったものです。本章では、そうした「人材マネジメント」の諸制度について取り上げます。

具体的な制度の話に入る前に、まずはそうした制度構築の前提となる、「人が働くこと」に関する根本的な考え方について述べたいと思います。

社員に知恵と工夫という創造的な力を発揮してもらうには、「人は何のために働くのか」ということを突き詰めて考える必要があります。

人が働くのは、働くことに何らかの意味で「納得」しているからです。「納得」がなければ、当人は体や頭を動かさないので、そもそも働くことが成立しません。ただ、「納得して働く」と言っても、納得には次元の異なる三つの段階があります。

第一は「強制されて働く」、第二は「得だから働く」、第三が「働きたいから働く」という三段階です。

第一は、服従の下でやむを得ず、つらさを辛抱しながら働くことです。端的な例は、奴隷労働でしょうか。強制されて嫌々ではあるけれども、仕方がないと納得して（「諦めて」と言ってもいいかもしれません）、しぶしぶ働くかたちになります。

第二は、自身の労働に見合った金銭的報酬を得ることに納得して働くという、市場経済下での労働の基本的なかたちです。

第三は、信奉することや大切だと思うこと、好きでどうしてもやりたいと思うことに対して、自発的に働くことになります。生活のための一般的な労働以外にも、趣味の活動や、思想・信条に基づく活動なども、この第三のカテゴリーに含まれます。

企業で働いている社員は、会社に雇用される立場です。もしその社員の働くことへの納得が第一のレベル、「会社から強制されて働いている」という意識レベルだったとしたら、知恵と工夫の発揮や価値の創生は望めません。なぜなら、創造性は人を他律的に遇することからは引き出せないからです。雇用者（経営者）がどれだけ社員の尻を叩いて、「知恵と工夫を出せ」と命令をしても出てくるわけがないのです。

働く人が創造性を発揮するには自発性が不可欠であり、第二か、第三の納得レベルに至っていることが基本条件となります。つまり、「金銭的な満足」あるいは「精神的な満足」を求めて働く中で、人は知恵と工夫を発揮することができるのです。

金銭的な報酬と精神的な報酬の両方が得られれば、働くことへの強い誘因（インセンティブ）が生まれます。両者は言うなれば「車の両輪」です。両方が揃ってはじめて、働くことへの意欲や動機が高まり、社員はいきいきと働くことができるのです。そのため、どちらかが欠けていても不完全な状態だと言えるのですが、金銭面と精神面のどちらを優先すべきかと聞かれれば、私は迷うことなく精神面での充足だと答えます。なぜなら、精神的な豊かさこそがより大きな創造性を引き出し、知恵と工夫を生む源となり、付加価値を生み出す能力を高めてくれるからです。付加価値を生み出すことができれば、結果として金銭的にも豊かになるという正の連鎖が生じます。

こうした「心（精神）」と「モノ（金銭）」の主従関係こそ、価値創生企業の基本的な特性であると私は考えています。当社の経営理念（159ページ参照）のひとつとして「心の豊かさが、モノの豊かさをも生み出していく企業」という目標を掲げているのもそのためです。

では、精神的な充足感や心の豊かさは、何によってもたらされるのか。その答えは人によってさまざまだと思いますが、共通するのは「自分自身の成長」や「組織や社会への貢献」ではないでしょうか。

人は、自分自身の潜在的能力や可能性を開いて、自己の成長を図りたいと欲しています。また、集団や組織に属して誰かに必要とされたいと望み、自分が集団や組織から価値ある存在として認められ、注目や尊敬を得たいとも欲します。それらは、人間に共通する普遍的な欲求です。

そうした欲求を充足させる場のひとつとして、自身が属する会社があります。仕事をすることは、すなわち社会に貢献することです。企業に勤める人は、働くことで企業に貢献し、企業を介して社会に貢献します。仕事を通じて自分の能力を発揮したり、社会に貢献できれば、人は自分の存在意義や社会的価値を確認でき、精神的な充足感を得ることができます。働くことを考えるうえで、人の心に対するそうした視点は極めて重要です。

当社の人材マネジメントに関する諸制度も、単に金銭面だけが満たされるのではなく、社員一人ひとりが「成長」や「貢献」を実感することで精神面の充足にもつながることを目指して、これまで取り組んできたことなのです。

委譲すべきは「権限」ではなく「責任」

社員の成長を促すには、「責任」を委譲することも重要です。

一般に、社員を育成するには権限委譲が必要だと言われますが、委譲すべきは「権限」ではなく、「責任」だと私は考えています。より正確に言えば、「決定権」ではなく、「決定責任」を委譲するということです。この点の違いが、社員の行動姿勢に大きな違いをもたらします。

権限は、他者への要求です。決定権は普通、上司が部下に対して、あるいは決定権者がそのほかの社員に対して行使しますが、決定権者の専断的な権利行使に陥ることもあります。一方、責任は自らへの要求です。責任とは、他者に対して行使するものではなく、自分自身に課すものであり、目的達成に向けて必要な事柄をすべて執り行なって、目的を達成する「結果責任」を担うことを意味します。

責任が大きければ大きいほど、委譲された社員は一人ではその責任を果たすことが困難となります。そこで必要となるのが、同じ部署のメンバーに協力を仰ぎ、上司やほかの部門・部署の人に意見を聞くことです。すなわち、責任を委譲することで、おのずと協働関係が生じるのです。また、責任を委譲した側も、部下がその責任を果たせるようにアドバイスをしたり、サポートしたりという支援を行なわなければなりません。

もちろん、まわりに協力をしてもらったとしても、結果責任を担うのは委譲された本人です。自分自身がイニシアチブを取り、メンバーや上司の意見を踏まえつつも自らの責任で決定を下し、率先垂範して実行する行動と姿勢が欠かせません。自らの責任を自覚し、それを達成しようとチャレンジするプロセスの中でこそ、人はさまざまなことに気づき、自らの能力を高め、成長していくのです。


たとえば、当社では製造設備を管理するプロセスコントローラーや製品の測定機器などを自社開発していますが、それらは技術系の若い社員たちに「これをやりなさい」と責任を委ねた結果、実現できたものです。問屋やディーラーからの注文を受けて、自社の工場へと伝達するコンピュータの受発注システムも、若い社員に開発責任を委譲してつくらせました。私が社長に就任した一九九一年から実施している社外に対する新製品説明会も、はじめの数回は私が中心となってやりましたが、それ以降は社員たちに任せています。

一九九七年に当社がはじめて上市した五層製品「五重もん君」をはじめ、現在も主力商品として扱っている「彊美人」「しん重もん（しんえもん）」といった規格袋のユニークなネーミングも、若い社員から出てきたアイデアです。「五重もん君」が発売された当時、プラスチックフィルムの規格袋にそのような名前をつけた例はほかになく、きっと私がどれだけ頭を捻っても彼らと同じ発想は出てこなかったと思います。

また、あるとき、製造部門で技術問題が発生したことがありました。当社には製造部門とは別に技術開発部門があり、通常であれば製造管理に関する問題は製造部門で、設備や技術に関する問題は技術部門で対応することになっていましたが、そのときは私の判断で「製造の責任でその課題を解決するように」と指示しました。当然、製造の社員だけでは技術問題は解決できませんので、彼らは技術部門の社員たちにアドバイスや協力をしてもらいながら試行錯誤を繰り返し、何とか問題をクリアすることができました。製造部門の社員たちにとっては負担になったかもしれませんが、結果的に直面していた問題を解決でき、さらに製造部門の社員たちの能力も拡張することができたわけです。

責任を委譲するとは、言い換えればチャレンジする場を与えるということです。困難な課題にチャレンジする過程を通じて、社員は成長していくし、その成長が会社の価値創生力をさらに高めることにもつながります。その意味で、責任の委譲は、人材マネジメントを実施していくうえでの要のひとつだと言っても過言ではありません。

社員に真の成長を促す「昇格チャレンジ制度」

では、具体的な制度の話に移りましょう。

まず紹介するのは「昇格チャレンジ制度」です。

一般的な企業では、社員の昇格・昇進の判断は、勤続年数、人事評価、各種試験、経営者や役員との面談などの方法で行なわれているかと思いますが、当社では「昇格チャレンジ制度」という制度に則って行なっています。

昇格チャレンジの流れは、次のとおりです。

① チャレンジャー認定・自己研鑽書作成

本人の希望と上長の推薦を受け、会社が認めた人が「昇格チャレンジャー」となり、「自己研鑽書」を作成します。研鑽書の作成にあたっては、上長のアドバイスを受けながら、いまの自分のレベルアップすべき点や、昇格後の職責で必要となる職務能力とは何かを深く考えます。上長と人材部長（社長が兼務）との面談を数回にわたって行ない、研鑽書が完成すれば、そこから「チャレンジ期間」に突入します。

② チャレンジ期間

昇格チャレンジャーは部署の仲間も巻き込んで、自分が設定した課題が達成できるように取り組みます。係長級で三か月、課長級で半年程度がチャレンジ期間となります。

③ チャレンジ期間終了・評価書作成・合否判定

チャレンジ期間終了後、昇格チャレンジャーと上長が「評価書」の作成を通して、課題の達成度合いや立てた目標への到達度など、成果を明確に判断します。評価書を用いて、最終的に人材部長（社長）を含めた三者面談で目標達成の最終審査を行ない、昇格の合否が決まります。本人も「合格」、上長も「合格」と判断し、社長が認めれば昇格チャレンジ

図2 昇格チャレンジ制度（1993年〜）

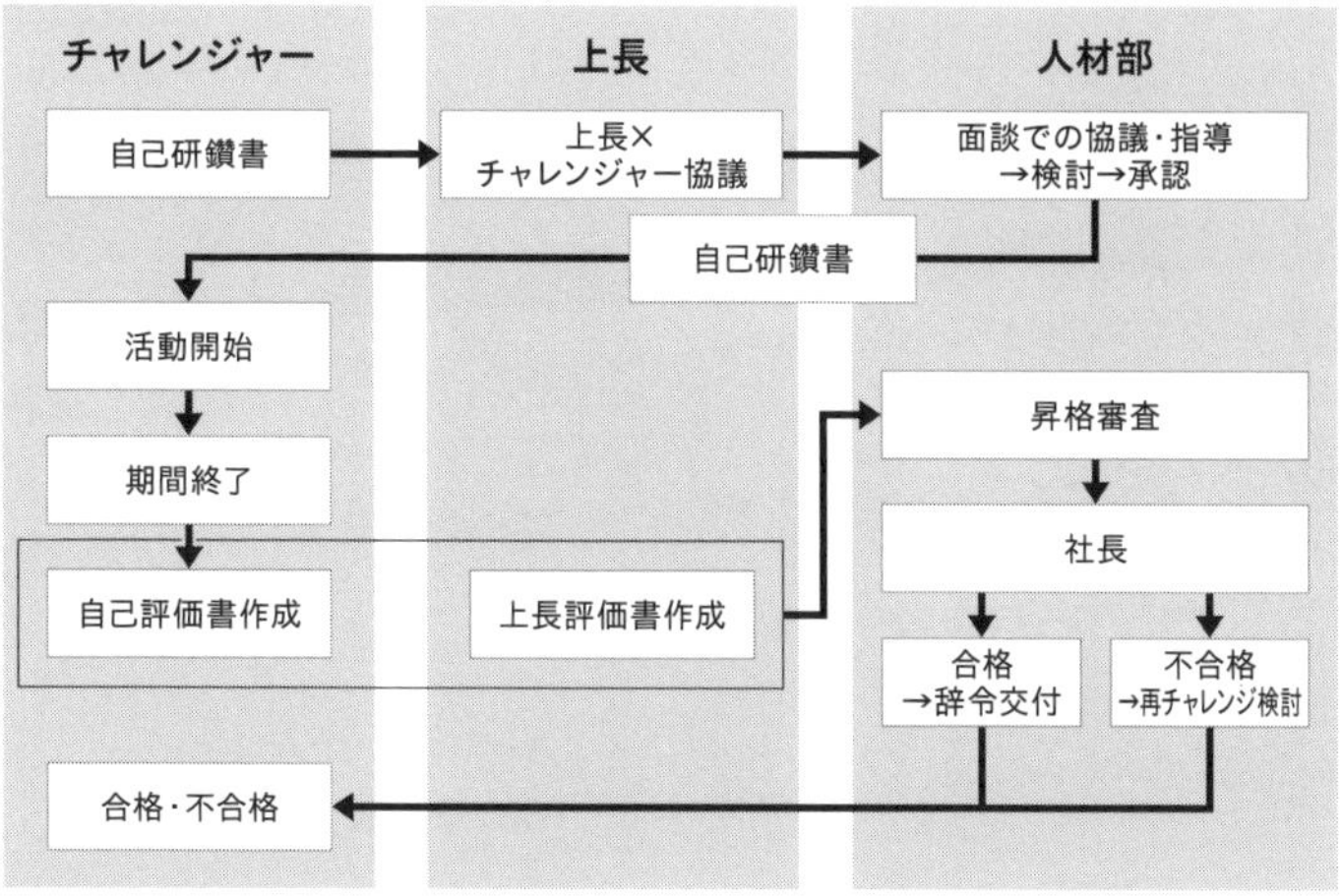

ャーは晴れて昇格となります。

昇格チャレンジ制度が創設されたのは一九九三年で、創設から四半世紀を経た現在、課長以下の役付き社員は全員がこの制度で昇格した社員となっています。

この昇格チャレンジ制度では、職責をまっとうできる職務能力を、昇格後に広く身につけていけそうか否かが、合否判断の基準となります。

当社では、職務能力を「専門能力」と「協働能力」の両面から成り立つものとしています。専門能力とは、部署や部門の業務を遂行したり、課題を認識し、解決する力のこと。協働能力とは、会社の方針を理解し、チームの一員として適切に振る舞い、他者やチームの力を引き出す力のことです。

チャレンジャーは、レベルアップが必要な職責・職務能力面での具体的な方針・課題を定め、それらの方針・課題に取り組むことで自らの力量を実証しなければなりません。

昇格という、会社にとって重要な決定を行なうための制度ですので、合格率は必ずしも高くはなく、だいたい五割程度です。もちろん一度不合格だったからといって、それで昇格の機会が失われることはなく、不合格者には再度チャレンジの機会が与えられます。

これまで多くの社員がこの制度を通じて昇格に向けたチャレンジを行なってきましたが、チャレンジの経験を経た社員は結果の合否にかかわらず、働くことへの意識や職務能力が大きくレベルアップしています。

それは研鑽書の作成を通じて、「自分の専門能力や協働能力をどのように成長させるべきか」「企業内で自分はどのような責任を果たさなければならないのか」など、職責・職務能力面での具体的な目標を上長や私とともに真剣に考えたうえで、実際のチャレンジを通じて自ら設定した課題に取り組むことで意識改革や行動改革を起こすことができるからだと思います。

近年では、同時期に昇格チャレンジャーとなる社員同士で互いの研鑽書の内容を共有したり、チャレンジャーが同じ部署や営業所のメンバーに自分が設定した課題を公表して、チャレンジ期間中にメンバーから定期的に達成度合いをチェックしてもらったりすることも採り入れています。チャレンジャー同士で内容を共有すれば互いにとって刺激になりますし、部署のメンバーからチェックを受けることでいい意味でのプレッシャーを受け、場合によってはよりよい協働関係が生まれるからです。

この昇格チャレンジ制度をつくったことで、昇格の判断が単なる年功序列や不透明な過程で行なわれるのではなく、社員本人も加わった面談によって課題が設定され、本人の努力や実績に応えるかたちとなり、社員の意欲向上にもつながっています。

班長のポスト数を上回る「班長心得」

昇格チャレンジ制度を創設した背景には、「管理職責・専門職責を果たせる社員数をポスト数以上にしたい」という目論見がありました。

管理職責とは、組織のメンバーがチームとして職務能力（主に協働面で）を発揮できるようにリードする職責で部長、課長、係長が該当します。一方、専門職責とは、各部門や部署が有する固有の職務機能（専門能力）の発揮を先導する職責で、主席部員、上席部員、主任が該当します。社内では、係長と主任を同等の格位と見なしています。また、製造部門（工場）は三班三直交代制で稼働しており、それぞれの班の班長が係長に相当します。

以前は、管理・専門職責のポストにある人に「職責給」を支給していました（職責給については、第3章の「中小企業だからできる処遇と給与体系」で詳しく解説します）。ただ、そうした給与体系では、管理職責給の支給はポスト数に制限されてしまいます。部署や部門の数は決まっているので、おのずと管理職責のポスト数も限定されます。つまり、どれだけ向上心があって能力が高くても、すでに管理職責のポストにある人が何らかの理由（昇格、降格、退職など）でそのポストから外れないかぎり、自分が管理職責に昇格することはできず、職責給も得られない状況だったのです。

それでは、若い社員の成長する意欲も萎えてしまいます。実際、工場の若い社員からは「いまの班長が辞めないかぎり、自分たちは班長になれない」と、不満の声が上がっていました。

そこで昇格チャレンジ制度の創設と併せて、まずは製造部門において「班長心得」という職階を新設しました。

班長心得は、班長と同等の職務を果たし得る能力を持つと認められた班員で、昇格チャレンジ制度に合格した人が認定されます。職責給もあり、班長よりも多少少ない月三万円を支給することとしました（現在は月六万五〇〇〇円。ちなみに班長の職責給は、当時は月四万円で、現在は七万七〇〇〇円）。班長心得を新設したことで、管理職責給は「管理職責のポスト」ではなく、「管理職責を果たせる能力」に支給されることになり、管理職責給の支給可能数は実質的に制限がなくなりました。また、年ごとに工場の班編成を見直して、班長心得から班長を選抜することとしました。かつての給与体系では班長から外れると職責給がゼロとなってしまいましたが、新しい体系では班長から班長心得に降りてもほぼ同額の職責給が得られます。なお、専門職責にはポスト数の制約はもともとありません。

この給与体系の改革と昇格チャレンジ制度は、それぞれの立場の社員、さらには会社全体にとってメリットがありました。若い社員にはチャレンジの機会を与え、早期にリーダーとしての職務能力を身につけさせることが可能となり、一方で従来の班長は職責給を失って生活面での大きな負担を抱えるリスクがなくなりました。会社としても、社員のチャレンジ精神が向上し、ポスト数以上のポスト就任可能者が育成できれば、会社全体の職務能力の水準が引き上げられ、価値創生力向上につながります。

近年になってようやく、当社の三つの製造部門で班長心得の数が四〜六人となり、班長のポスト数（一工場につき、三班長）を上回るようになってきました。班編成を毎年変更することも可能になり、年長者の班長心得が若手の班長を支える班も生まれています。チームとしての班のまとまりが強固になり、製造メンバーがチームとして知恵と工夫を発揮するうえでの大きな力の源となってきています。

ただ、現時点では、管理職責を果たせる社員数がポスト数を上回っているのは製造部門だけで、ほかの部署・部門ではまだまだ人材が足りていません。理想を言えば、全社員が管理・専門職責を果たせるレベルにまで達していることが望ましいので、今後さらに昇格制度にチャレンジする社員を増やしていく必要があると感じています。

職務能力を向上させる「社内資格制度」

当社では、製造職、営業職、技術職、事務職、経営職など、すべての職種を対象として、職務能力の向上、技術や知識の高度化のために社内資格制度を設けています。

資格が認定されれば、その資格に応じた手当が「資格給」というかたちで支給されます。資格給についても第3章で詳しく解説しますが、資格取得による自身の能力アップが資格給という目に見えるかたちで評価されることで、働く意欲やさらなる成長への意欲を高めてほしいという狙いがあります。

二〇一九年現在、「生産技能」「設備技能」「物流技能」「開発技能」「情報技能」「応対技能」の六種類の技能カテゴリーがあり、情報技能には「タイピング検索技能」「ＩＣＴ管理技能」「広報技能」「外国語技能」の四資格が、応対技能には「客先電話応対Ｑ＆Ａ」「おもてなし技能」の二資格があります。また、生産技能、設備技能、物流技能、開発技能における資格は特定の部門や職種の社員を対象とした「主要資格」として、情報技能と応対技能における計六つの資格は全社員を対象とした「一般資格」として、区分しています。

以下に、それぞれの資格の内容を述べます。

【主要資格】

「生産技能資格」……製造・技術職の社員のうち、基礎知識と生産技能の習得に意欲的で、かつ基本的能力を有すると認められる社員に対し教育研修の機会を与え、その成果として社内資格を認定しています。

「設備技能資格」……設備の内製化と設備管理の体制を強化するため、制定しました。製作・技術・管理の三つのコースに分かれ、設備の設計や保全などに関する業務知識と技術を有する社員に対して認定します。

「物流技能資格」……製品製造量の拡大に伴い、物流機能を強化するために制定。在庫管理や運搬、環境保全などの業務に関する知識と技術を有する社員に対して認定します。

「開発技能資格」……製品の開発・改良への企業能力を育成・強化する一環として、製品知識、製品分析、試作、社内3C（協働の基本であるコミュニケーション、コーディネーション、コワークの頭文字をとった当社の造語。詳しくは140ページ参照）、市場認識などの必要な技能を有する社員に対し制定しました。

【一般資格】

「タイピング検索技能資格」……タイピングのスピードや正確さ、PCを用いた検索技能を評価します。

「ICT管理技能資格」……PC全般に関するセットアップやネットワークなどのトラブルに対応できる能力を評価します。

図3 社内資格制度

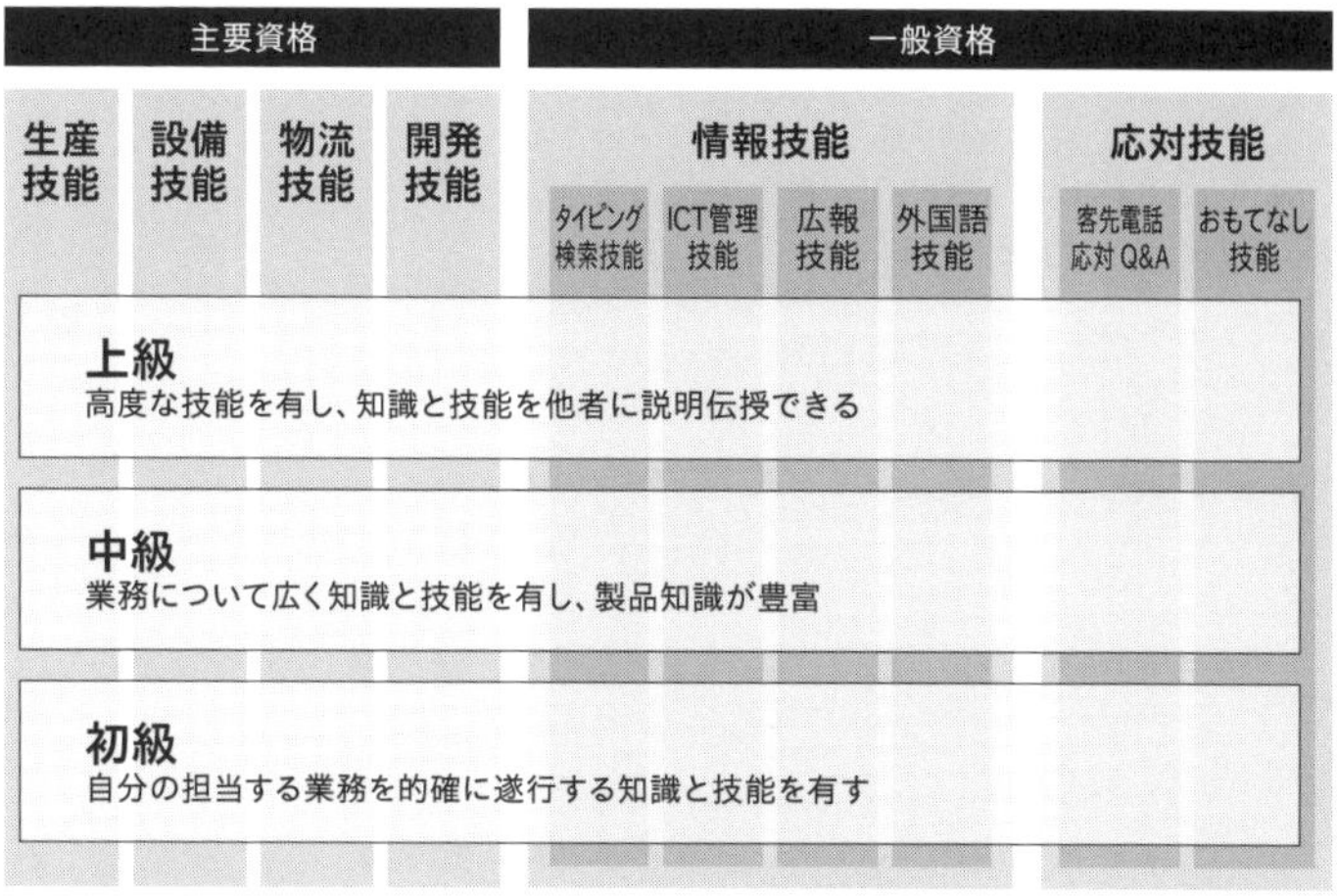

「広報技能資格」……企業イメージの周知と拡販を目的としたカタログなどを作成するための知識と、アプリケーション操作に関する技能を評価します。

「外国語技能資格」……外国語に関して、実際の業務で活用できる語学力を評価します。

「客先電話応対Q＆A資格」……お客様からの製品に関する問い合わせなどに、事務社員が適切に応対できる技能を評価します。お客様の要望をいかに引き出せるか、知識の習得も踏まえて営業社員と二人三脚で定期的に研修なども実施し、レベルアップを目指しています。

「おもてなし技能資格」……来社されたお客様に居心地よく過ごしていただく環境づくり、社員が気持ちよく働くことができる環境づくりのスペシャリストを目指しています。丁寧な応対態度や言葉遣い、細やかな気配りや考え方などを評価します。

各資格には、それぞれ「初級」「中級」「上級」のレベルがあります。初級は「自分の担当する業務を的確に遂行する知識と技能を有す」レベル、中級は「業務について広く知識と技能を有し、職務知識が豊富」なレベル、上級は「高度な技能を有し、知識と技術を他者に説明伝授できる」レベルと区分けしています。

現在、何らかの資格を有する社員は、全社員の六〜七割に達しています。

認定基準は、それぞれの資格ごとに細かく設定されていますが、大まかに言うと、知識と実技の両面で能力水準を審査することが基本となります。たとえば、生産技能資格では、知識テストと実技テストを実施して、社員の能力を審査しています。

すべての資格は一度取得したら終わりではなく、数年ごとに「適格審査制度」と呼ばれる再審査を行ない、社員たちがその資格に見合う知識や技能を維持しているかのチェックも行なっています。制度そのものの内容や評価基準などの見直しも定期的に行なっています。定期的に再審査や制度の見直しを行なうことで、社員の能力の停滞や低下を回避し、向上し続けられる環境をつくっているのです。

最も古い資格は生産技能資格で、発足したのは三〇年前の一九八九年。その後、一九九三年に情報技能、二〇〇七年に開発技能、二〇一〇年に応対技能、二〇一六年に設備技能と物流技能と徐々に制度の拡充をしてきました。

はじめは「製造やコンピュータ関連の社員の知識や技術を向上させよう」という目的で生産技能資格や情報技能資格をつくったのですが、それらの資格の有無が資格給と結びつく中で、設備や物流に関する資格がないのは不公平だと感じて、近年になってようやく設備技能や物流技能の資格を設けました。また、応対技能は私の発案ではなく、人材部の女性社員からの提案でした。四半世紀かけてようやく全社員の職務を網羅できる制度にすることができたのです。

社員同士で教育・審査する

当社の社内資格制度は、資格取得を目指す社員自身のみならず、ほかの社員の成長にもつながるような工夫をしています。

そのひとつが、研修制度です。生産技能資格や開発技能資格にリンクする「武者修行の旅」という名称の社内通信教育が、生産技能は二〇〇一年から、開発技能は二〇〇六年から開設されています。両方とも、資格取得を目指す社員だけではなく、すべての社員が受けられます。

通信教育は半年間続き、月次で問題への回答と添削を行ない、最終段階ではスクーリングを実施しています。そうした研修活動を、社外講師にはまったく依存せず、同じ技能の中級以上の資格保有者に担ってもらっているのです。

どんな技能についても言えることですが、自分自身の上達・向上のために勉強するだけではなく、学んだことを人に教えたり、「どうすればわかりやすく教えられるだろうか」と試行錯誤したりすることで、その技能に対する理解度はより深化します。つまり、社員同士で「教え／教えられる」関係性を築くことで、学ぶ側と教える側の双方に教育効果を生じさせることができるのです。

また、すべての社内資格の審査は、人材部などの特定の部署ではなく、該当技能の上級資格の保有者によって構成される「審査委員会」が合否判定を下し、その判定に従って会社が発令するという流れにしています。前述した「昇格チャレンジ制度」が社長である私を含めた三者面談で合否決定されるのに対して、社内資格制度では社員同士で審査して合否を決める仕組みにしているのです。

資格の有無と職責とは直接関係がないため、一般社員の審査委員が職責上は上司に当たる社員の資格合否を判断するケースもあります。資格の取得は、資格給という処遇に直結する重要な判断です。ほかの社員の処遇に関する決定に参加してもらうことで、審査委員となった社員自身の職務能力や責任感を向上させる狙いがあります。

職種を横断する「研修・親睦制度」

一般の社員に、通常の業務だけではなく、通信教育の講師役や資格審査委員を担ってもらっているのは、人は人との関わりを通じて成長をしていくからです。人との関わりから成長を促すという点では、社内の「研修・親睦制度」もそれに該当します。

当社は、企業規模の割には職種の数が多く、また営業所や工場は、北は北海道から南は九州まで全国に分散立地しています。構造的にも地域的にも多様で、ともすると企業としての一体感を欠いてしまうおそれがあったため、異なる職種や地域の社員同士を結びつける場が必要だと考えました。それが職種を横断する「研修・親睦制度」です。

当社の研修・親睦制度の特徴は、入社後の年数や役職別に、各職種を横断するようなかたちで研修・親睦組織が構成されている点です。

「緑風会」は、入社三年目以内の若手社員の会です。メンバーはみな社歴が浅く、横のつながりもないので、ふだん顔を合わせることがない異なる職種やほかの工場・営業所の社員同士で親睦を深めることを重視し、全メンバーがひとつの会場に集まって実施する形式を採っています。研修は、若手社員にまずは知っておいてほしい、製品知識や組織文化に関する内容で実施しています。

「清風会」は、入社四年目以上の中堅社員の会で、四つの会の中では最も活発に活動しており、職務能力向上やより高度な専門知識の習得を目指した研修を実施しています。発足当初は部門ごとの横のつながりをつくることを目的に、製造、営業、事務という三職種別の部会で研修を実施していました。近年は、職種を横断する関係を築けたほうが協働能力の向上につながると考えて、全メンバーがさまざまな研修プランから選択できる方式でも実施しています。研修のテーマは、身近なプラスチック製品の使われ方や、環境問題、A

図4 研修・親睦制度（1989年〜）

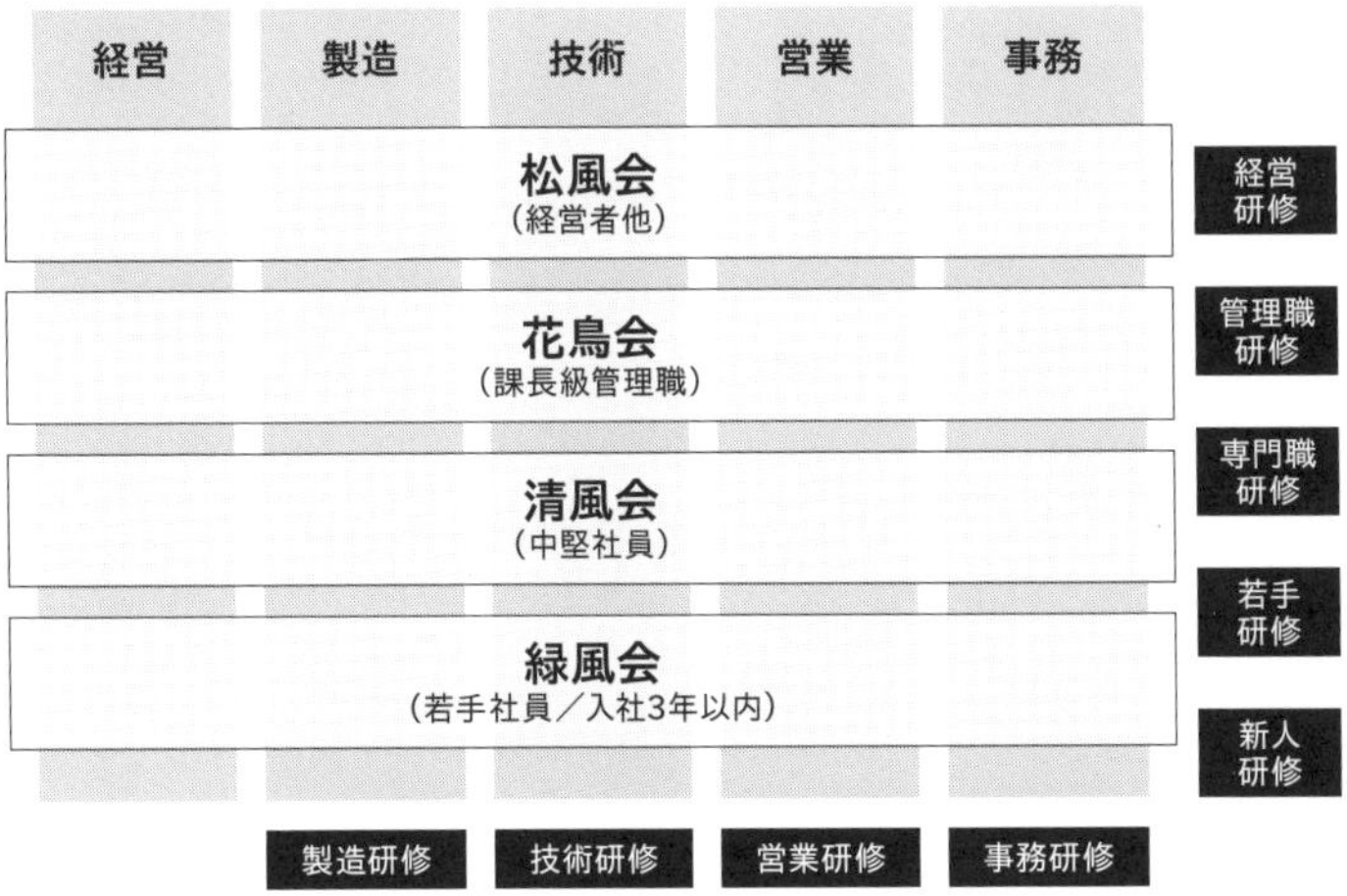

Iと人間の関係、会社のこれまでの技術開発の歴史など実に多彩で、参加者は自分の日ごろの仕事や在籍する部署・部門の視点からさまざまな意見を出して、相互理解を深める有意義なディスカッションができているようです。

「花鳥会」は、近年できた最も新しい会で、課長級の管理職が集まります。清風会の人数が増えてきたため、課長級の管理職を分けるかたちで新設しました。経営管理など管理職に必要な能力について研修を行なっています。

「松風会」は、経営者や役員などの幹部社員を対象とした会で、経営全般に関する論議を行ないます。

それぞれの会は年に一、二回程度、社員と

会社が半々で費用を積み立てて、一泊二日の研修・親睦会を実施しています。社員同士のつながりを強固にし、研修を通じて知識の向上ができるだけではなく、他部署への理解や全社的な知識の習得、さらには経営理念や組織文化への理解を深める場として機能しています。

社員自身がつくった各工場独自の資格制度

生産技能資格などの社内資格制度については先述しましたが、実は、当社の各工場にはそれぞれ独自の資格制度があります。社内資格制度が資格手当の支給と紐づいた全社的な制度だとしたら、工場独自の制度は完全にローカルなもので、それゆえ会社案内の冊子やホームページには掲載されていません。しかし、工場の班員たちが自分たちの知識や技術を向上させ、工場の設備管理やオペレーションを的確に行なうために自発的に考案して運用している点で、その制度はまさに社員が自らの知恵と工夫で生み出したものであり、本書で紹介する価値が十分にあるのではないかと考えます。

制度ができたきっかけは、工場設備のうち、製造現場でカバーする領域と設備課でカバーする領域を明確に区別しようという方針を会社が打ち出したことです。それまでは製造部門の社員たちは、設備のことは設備課に任せればいいというスタンスだったのですが、その方針によって一部の設備の維持管理は自分たちで分担して行なうことになりました。ただ、それまで設備のことを専門にしてこなかったので、経験の浅い社員が入ってきたりすると設備の維持管理をするつもりが逆に誤った方法で壊してしまい、肝心の製造業務が止まってしまう事態が起きるようになりました。

そこで考えたのが、設備管理の認定制度だったのです。設備管理に関する具体的な作業内容を一つひとつ項目化して、それぞれの作業について「できる人」と「できない人」に振り分け、「できない人」は一定の技術・知識を身につければ「できる人」に昇格するというシステムです。この資格制度をつくったことで、「誰が、どの作業をできるか」について工場の全員が客観的に把握でき、効率的な人員の配置や仕事の割り振りができるようになりました。

この設備管理の認定制度がうまく機能したため、さらに製造工程のオペレーションも同様に作業内容をこと細かに項目化して「できる人」「できない人」を区別し、工場のすべての作業を網羅する認定制度をつくり上げていきました。

現在では、制度はより精緻なものとなり、各作業について「指導者付きでできる」「自分でできる」「人に教えることができる」など、五段階に分けられています。

面白いのは、あくまでも各工場のローカルな制度なので、それぞれの作業の習熟度の表わし方が、「前頭」「小結」「関脇」「大関」「横綱」と相撲の番付のようになっていたり、勲章みたいなものを作業服につけたり、工場ごとの個性が表われています。

若い社員が入ってくると、上長から「まずは、これとこれを習得して」と指示が出しやすかったり、本人自ら「自分はここまでできるから、次はこの作業を覚えよう」と目標を明確にしやすかったり、いまでは職務能力の向上の指針として機能しています。また、「同期のあいつはここまでできるようになっているから、自分ももっとがんばろう」と、いい意味での競争関係を刺激するツールとしても役立っているようです。

一応は資格制度の体裁を取っているので、以前、私のほうから気を遣って「資格手当を出そうか」と提案したこともあります。ところが、彼らは要らないと言います。自分たちでつくった制度なので、ゲーム感覚で楽しみながらやっているのかもしれません。

誰かに強制されているわけではなく、自分たちがやりたいからやる。しかも、その制度を通じて個人としても成長でき、工場全体の管理能力や業務遂行能力も向上する。働くことの理想的なかたちのひとつが、この工場独自の資格制度に表われていると思います。

女性社員の活躍のための「産休・育休制度」

当社では、男女を問わず人材育成を経営の根幹と考えています。社員が存分に力を発揮できるようにする環境づくりは、性別に関係なく全社員を対象に行なっていますが、一方で女性に特化した制度づくりの必要性も感じ、これまでさまざまな支援体制を整備してきました。

男性と比べて、働く女性が力を発揮するには、いくつかの特有の課題があります。そのひとつが出産や子育てによるキャリアの断絶です。

「断絶」という言葉を使うと、女性社員の出産や子育てが企業にとってネガティブなものであるかのような印象を与えてしまうかもしれませんが、実際にはその逆です。産休や育休から復帰してきた「お母さん社員」は明らかに士気が高く、出産前よりも仕事のパフォーマンスが上がっています。

母親となれば、どうしても家事や育児に時間を取られてしまいますが、一方で意義ある仕事にも力を発揮したいと欲しています。そのためには、家庭や職場でのやるべきことをうまく並行してこなしていかなければなりません。おのずと物事の優先づけもよく考えるようになり、仕事の密度も高くなって、パフォーマンスが向上します。つまり、妻として、母としての経験が、職場において会社員として働く力も大きく養うというポジティブな効果が表われるのです。

ただ、出産や育児によって一時的に仕事ができなくなったり、子どもさんの世話に時間が取られてしまうことは現実問題としてあります。そのマイナス面の影響を最小限にとどめ、女性社員が安心して働ける環境をつくっていくことは企業の役割だと考えます。

現在、当社では以下の育児支援制度を運用しています。カッコ内の年数は、その制度の運用を開始した年です。

「育児休業適用開始」（一九九二年～）
「短時間勤務」（二〇〇三年～）
「時間単位の有給休暇」（二〇〇四年～）
「在宅勤務」（二〇〇四年～）

「早期復帰による会社支援」（二〇〇六年〜）

育児休業に関する規程自体は、以前から就業規則内にありましたが、それがはじめて適用されたのが一九九二年、岡山工場の事務職社員の出産でした。当時は、産後休を含めて六か月間の育休で、その女性社員は九二年の長男の出産以降、長女と次女を産み、合わせて三人の出産をしました。彼女は一〇年勤続表彰のとき、「在職は一〇年ですが、実際に働いたのは八年半です」とあいさつをしていました。

二〇〇〇年には、技術職社員の出産時に、当人の希望を受けて、産後休と育休を六か月から一年に延長しました。のちに詳しく述べますが、このとき、はじめて職務分析表を使った職務再編にも取り組みました（66ページ参照）。

二〇〇〇年代には、ほかに「短時間勤務」「時間単位の有給休暇」「在宅勤務」「早期復帰による会社支援」などの制度を相次いで設けました。具体的な内容は、次のとおりです。

「短時間勤務」……育児休業からの復帰後、子どもさんの保育園や習い事の送迎など、フルタイムでの勤務が難しい社員を対象に、勤務時間を短縮し、状況に応じて徐々にフルタイム勤務に戻ることができる制度です。

「時間単位の有給休暇」……子どもさんが急に病気になったりしたとき、有給休暇で対応すると有給休暇日数がすぐになくなってしまいます。そこで、たとえば子どもさんの通院や学校行事などで数時間の遅刻・早退をするときは、その時間分だけの有給休暇が取れるようにしました。社員の要望から導入し、子育て中の女性社員にかぎらず社員は誰でも利用可能です。

「在宅勤務」……家庭の事情で出勤して働くことが難しい場合、在宅での勤務を可能としました。パソコンや必要備品の支給を行ない、ビデオ通話アプリを使ってのテレビ会議、そのほか個別の状況に応じて在宅で勤務可能な業務の実施を行なっています。この制度も産休・育休中の女性社員にかぎらず、全社員が利用できます。

「早期復帰による会社支援」……育児休業の終了よりも早期に復帰した場合、残りの育児休業に対する公的補助が支給されなくなり、復帰への経済的負担が大きいので、毎月の給与に公的補助に相当する賃金支援をしています。

当社の産休・育休制度は、特別なことをしているわけではありません。ですが、この程度の制度でも、育児をしながら働く女性にとっては価値を持っていますし、彼女たちが存分に働き、各々が持つ能力を発揮してもらうための支えになっています。

パート社員の活躍を促がす「年収一三〇万円の壁」補助制度

女性社員に力を発揮してもらうため、もうひとつの大きな課題として取り組んできたのが、パート社員が直面する「年収一三〇万円の壁」をいかに越えてもらうか、ということです。

夫がサラリーマンとして企業に勤務して、妻がパート社員として働く場合、妻の給与が年一三〇万円未満であれば、夫の扶養家族として扱われるため、パート社員の妻は社会保険料を負担する必要はありません。しかし、一三〇万円を超えると社会保険料の負担が発生するため、所得が十数万円、年収の一割もの手取りが減少してしまいます。そのため、パート社員の方は、一年間の給与が一三〇万円を超えないようにセーブして働いていました。社会保険料を払えば、その分将来もらえる年金額は増えるのですが、目先の収入が激減するのを避けたいと思う気持ちは理解できます。とはいえ、企業としてはもっと働いてもらいたいのに、一三〇万円の壁を理由に仕事をセーブされたら、大きな損失となります。

この一三〇万円の壁の問題は、パート社員を雇用する企業にとっては共通の悩みではな

図5　パート社員支援（2006年〜）

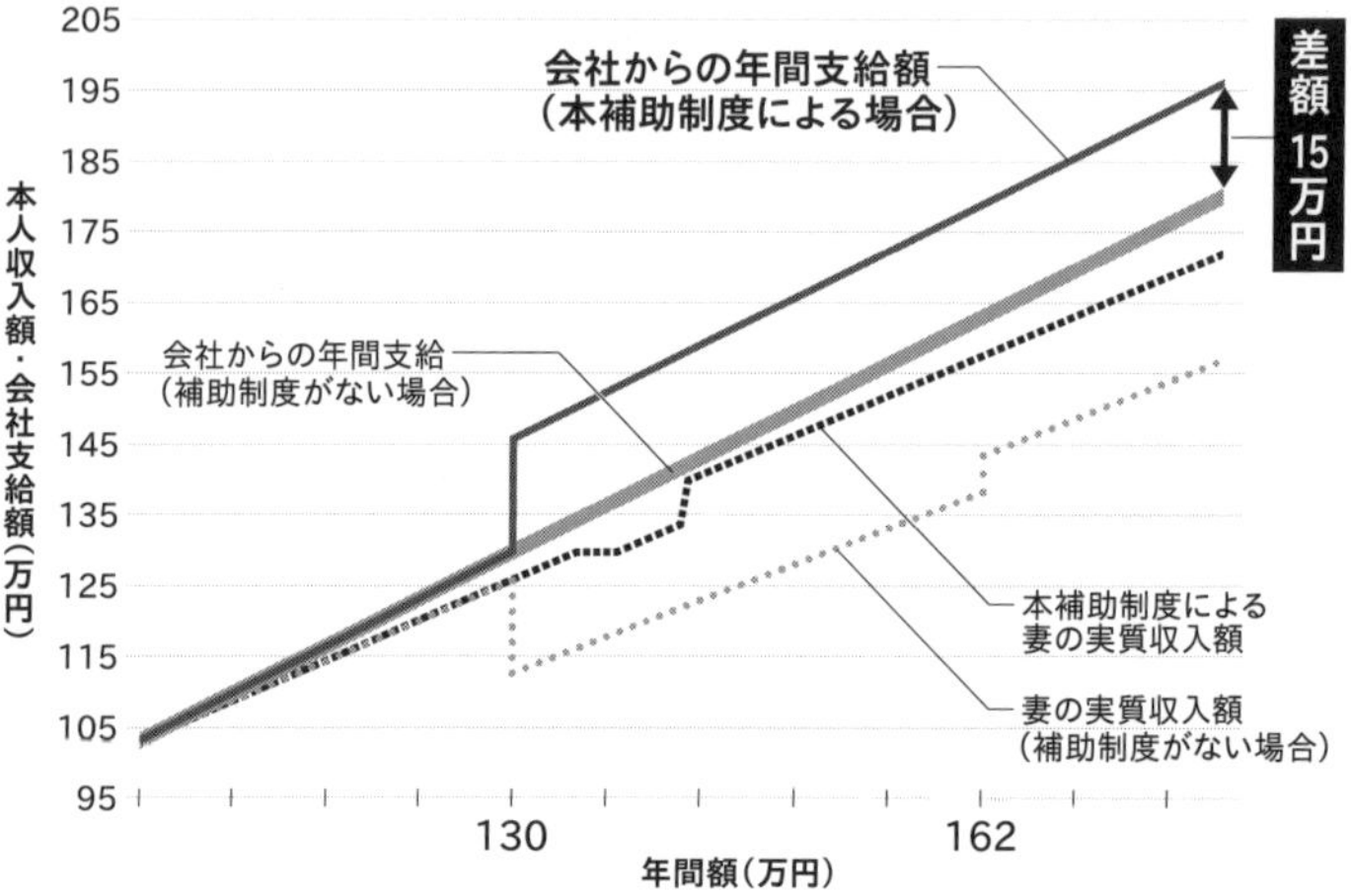

いでしょうか。

当社でも、ある年の年末、忙しい時期にもかかわらず、就業調整を理由に勤務を断るパート社員が続出しました。彼女たちは技術部門で働き、主に測定や分析の職務に就いてもらっていました。パート社員の人数は四、五人程度でしたが、当社のような中小企業では各部署の人的単位はそれほど大きくないため、パート社員といえども重要な戦力でした。新たにパート社員を雇って、不足分の労働力を補う手段もありましたが、新規のパート社員は戦力化までに手間暇がかかります。そこで「減額分を払ってでも思い切って働いてもらおう」と考えて、手取りの減額分だけ時給を上乗せする補助制度を発足させました。二〇〇六年八月のことです。

この制度によって、本来であれば手取り額が十数万円減額してしまう「年収一三〇万円の壁」を越えても手取り額の落ち込みがなく、パート社員にも職務能力を高めながら存分に働いてもらえる環境をつくることができました。

ただ、この制度を導入するにあたって、注意しなければならない点がひとつありました。時給の上乗せは、実質的にパート社員自身が払うべき社会保険料を会社が代わりに払うことなので、会社側の人件費負担は大きくなります。もしパート社員がいつまでも一三〇万円を少し上回るぐらいの年収にとどまっているようであれば、この制度は会社の負担を増やすだけになってしまいます。

会社にとってもプラスとなる制度にするためには、パート社員の企業への貢献度をより大きくしなければなりません。壁を前にして立ち止まらざるを得なかった人たちが、壁を越えたことで前進し成長をして、さらに貢献度の高い仕事、より生産性の高い仕事ができるようになってこそ、この制度ははじめて社員にとっても企業にとっても価値を生むものとなるのです。

幸いにして、二〇〇六年以降、この制度の対象者となった女性のパート社員たちは継続して働き続けてくれて、会社への貢献度も向上しています。パート社員でありながら、同じ部署の後輩社員の指導も担ってくれ、会社にとってますます欠くことのできない人材となっています。貢献度の向上はもちろん給料にも反映されているので、彼女たち自身も金銭的にも精神的にも充実感を持って働けているのではないでしょうか。

職務再編で、産休・育休の〝穴〟を埋める

産休・育休制度を導入するにあたって、いちばんの課題となったのは、フルタイムで働いていた女性社員が育児休業や短時間勤務をすることで生じる職務の〝穴〟をいかに補うかでした。

大企業と異なり、当社は五、六人ぐらいの少人数で回している部署が多く、五、六人のうちの一人が一時的とはいえ、抜けてしまうのは業務の遂行に大きな影響が出ます。

穴が開いたままでは、部署として業務を遂行することはできません。かといって、女性社員の職務をやみくもに同じ部署のほかの社員に割り振れば、ほかの社員に過度な負担をかける可能性もあり、もしそうなった場合は不平不満が起きかねません。もし同僚が余計

な負担をかけられたことで不平不満を抱くようであれば、当該の女性社員は負い目を感じて、安心して産休・育休に入ることができなくなってしまいます。

穴を埋めるために新たに人材を採用する手段もありますが、採用や教育には当然コストも時間もかかります。休みを取る女性社員の立場に立てば、自分の代わりに別の人間が入ってくることを考えると育休後の復帰がしづらくなります。復帰できなければ、文字どおりのキャリアの断絶となるため、それを避けるために子どもが欲しくても「仕事のために」と諦めてしまう女性社員も出てくるかもしれません。

二〇〇〇年、技術職の女性社員が「産後の育児のために一年間休みたい」と申し出てきたとき、社員の育休期間と職務を見直すチャンスと前向きに捉えました。どうすれば職務に対する産休・育休の影響を最小限にとどめ、かつ彼女が一年後に安心して戻ってこられる状況をつくれるのか。そこで実施したのが「職務の再編」です。

まずは「職務分析表」を作成し、女性社員の職務内容を項目化し、それぞれの難易度や気がかり度、実務時間などを洗い出しました。次に、職務分析表をベースに、技術職内部での職務再編とともに、技術の仕事を営業や管理などのほかの部門に移すことも検討しました。どうしても埋められない単純な職務に関しては、派遣社員の補充採用をして対応しました。

職務分析に基づく職務再編を実施することで、出産や育児で一時的に勤務できなくなる女性社員の職務の穴埋めを滞りなく行なうことができました。女性社員にとっては自分が産休・育休に入ることでまわりに迷惑や負担をかけてしまう負い目の軽減、会社にとっては業務の停滞や一部の社員への過度な負担の集中を未然に防ぎ、通常どおりの業務を維持できる恩恵もありました。


さらに職務の再編は、意外な効果をほかの社員にももたらしました。

たとえば、技術部門の内部では、それまで当該社員が担当していた職務をほかの社員が担うことにより、個々の社員の職務の範囲を広げることになりました。部門内のある職務を特定の社員のみが担っている状態は、チームとしてはリスキーです。なぜならば、その社員が急病で休んだり、退職した場合に、その職務の遂行ができなくなり、業務がストップしてしまうからです。また、社員にとっては「自分しかこの職務ができない」という状況は、「自分が休んだら業務が止まって、会社や部署に迷惑をかけてしまう」というネガティブなプレッシャーになり、体調が悪くても無理して出社するということにもつながりかねません。

部署内のすべての職務に対して、複数の社員が実施できるようにしておくことは、部署全体としての職務能力を向上させます。当社では、同じ部署内でできる職務を増やすことを「職務拡張」と呼んでいます。産休・育休に入る女性社員の職務再編を通じて、結果的に技術職のほかの社員の職務拡張も実行できたのです。

また、これまで技術部門が担ってきた製品の簡単な分析を営業部門に任せたところ、顧客への対応が早くなるとともに、営業担当者の知識が向上しました。部門や部署をまたいで職務を行なう勤務形態を、私は「連峰型の職務編成」と呼んでいます。連峰型の職務編成のメリットについては次項で詳しく解説します。

このように、女性社員の職務再編によって、まわりのほかの社員も従来経験したことがなかった職務に携わることになり、彼ら自身の成長にもつながったのです。

技術職の女性社員は一人目を産んだ数年後、第二子を妊娠・出産しましたが、そのときも職務分析表を作成して職務再編を行ないました。また、ほかの女性社員・パート社員の出産時も同様の対応をして、安心して産休・育休を取ってもらっています。

職務分析や職務再編は、産休・育休を取る女性社員のみならず、ほかの社員にも好影響があることがわかったため、最近では全社員が随時職務分析を行ない、何か職務上の課題に直面したときにはすぐに職務再編を行なうようになりました。たとえば、ある部門で残業時間を減らさなければならないときも、真っ先に行なったのは部門の社員全員の職務分析です。全員で職務分析表を作成し、どうすれば業務の効率化ができるかをディスカッションすると、おのずとそれぞれの社員の職務内容はブラッシュアップされて、生産性の高い仕事ができるようになります。

「連峰型の職務編成」の利点

部門や部署をまたいで職務を実施する勤務形態を、前項でも述べたように、私は「連峰型の職務編成」と呼んでいます。

一般的な企業では、基幹職務を部や課に分けて社員を配置します。たとえば、営業部門を例にとると、対象顧客がディーラーかユーザーかの区別や、既存事業か新規事業かに応じて、営業活動の内容は異なり、基幹職務としても区別されます。社員は一定の部・課の職務だけに携わり、複数の部・課に所属したり、異なる部・課の仕事を担ったりすることはありません。つまり、個々の基幹職務が独立したかたちで会社全体としての職務が編成されるわけです。こうした一般的な職務編成は、あたかも孤立した峰がそれぞれ隣り合っているようなイメージなので、先述の「連峰型」に対して「孤峰連立型」（略して「孤峰型」）と呼んでいます。

かたや連峰型は、たとえば八ヶ岳連峰のように、独立した峰々が連なりながら、中腹より下ではすべて一体となり広大な裾野を形成しているイメージになります。連峰の峰々が基幹職務に相当します。中腹以上では峰々が分立しているのは、難易度が高い職務は専門的に分割担当することを表わしています。一方、中腹より下では共通の裾野を形成している様子は、難易度が中程度以下の仕事は共通して担い合うということです。

連峰型の職務編成では、それぞれの社員がある基幹業務を「主務」として担いつつ、ほかの基幹業務も「副務」として担い、部門や部署をまたいで職務を実施するかたちとなります。主務、副務という分類からもわかるように、複数の基幹業務の職務を同等に兼務するわけではありません。あくまでも特定の職務を主務として継続実施しつつ、別の部門や部署の職務の一部を副務として兼務するのが、連峰型の特徴です。

たとえば、商社や問屋へ販売するディーラー営業を主務として、開発製品をユーザーに販売する開発営業を副務とするなどがその一例です。ディーラー営業と開発営業は営業活動の主な特性を異にする基幹業務、つまり別々の峰となりますが、主務と副務というかたちでどちらに重点を置くかは明確にしつつ、兼務してもらうのです。

たしかに、専門性の高い職務を習熟するには、それ相応の実務経験が必要です。習熟度の向上には当該職務への集中が不可欠であり、複数の基幹職務を同等に担うのは実務効率からも能力の成長からも不合理です。とはいえ、当該職務にだけ長期にわたり閉鎖的に携わっていると、その職務能力の成長はむしろ遅くなります。なぜなら、どんな職務も本性的には孤立しておらず、ほかの職務と適切な関係を構築しつつ営むことが当該職務の効果的な遂行には必要であり、職務実施には部門や部署に閉じこもらずに他部門・他部署と連携的に進めることが肝心だからです。

職務能力の向上には、自分の職務を客観的に見て、遂行方法を改善する姿勢が欠かせません。特定職務にだけ長期的かつ閉鎖的に携わっていると、次第にその職務内容のみに視野が限定されて、自分の職務を俯瞰して見る客観的思考の働きが鈍くなります。

連峰型の職務編成は、専門化と脱専門化を両立させて、基幹職務の実施効率と能力をともに高めるうえで効果的です。

また、異なる職務を並行して担うことで、自分の職務（主務）を客観的に見る思考の習慣がおのずと形成されます。さらに、違った職務に携わることが気分転換にもなり、他部署の人たちとの交流から多くの刺激も受けられます。こうしたことが総じて、社員の成長に有効に作用するのです。

一般の企業では、もっぱら現行職務の遂行だけを重視して職務編成を考える傾向がありますが、私は、組織を縦割りに編成することは、人の成長においてはマイナスだと考えています。縦割りの職務編成をしている企業は、人の能力の可能性をあまりにも低く見過ぎているのではないでしょうか。社員に特定の職務しか担わせない体制は、「人はひとつのことしか習熟することはできない」と言っているようなものです。また、そうした企業で働き続けていると、働いている人たちも縦割りの枠組みに縛られてしまい、その範囲内でしか仕事ができず、創造性とはどんどんかけ離れていきます。

われわれのように価値創生を目指す企業にとっては、職務遂行はもちろん、社員の職務能力の成長は死活的な重要事項だと言えます。そのため、職務を効率的に実施するだけではなく、一人ひとりの社員が将来にわたり職務能力を最大限に発揮できるように職務能力を成長させるための方策を採らなければなりません。

「連峰型の職務編成」は、そのために極めて効果的な方法だと言えるのです。

制度の出発点は、個別の事例への対応

当社のような中小企業では、社員一人ひとりの成長や仕事への真剣な取り組みが大きな成果を生むことがある一方で、わずか一人の社員が欠けるだけで業務が停滞したり、ほかの社員の負担の増大につながったりします。それゆえ、一人ひとりの職務能力の向上を促し、経験を積みながら長く働き続けてもらうことは極めて重要な経営課題です。

本章で紹介した諸制度を設け、職務に関するさまざまな取り組みを行なってきたのも、ひとえに社員たちに自分自身の能力を高め、しっかりと働き、会社に貢献してもらうためにほかなりません。

それらの制度は一朝一夕にできたものではなく、古いものでは三〇年近く前につくられ、その後も内容の検討や改変を繰り返し、新たな制度や枠組みも追加しながら、いまあるかたちにつくり上げてきました。形式だけの制度ではなく、本当の意味で社員の力や貢献度を高める制度にするには時間も労力もかかります。それでも、社員一人ひとりの価値創生

力や協働能力を引き出し、高めていくことは、価値創生を目指す当社にとっては不可欠なことであり、そのための仕組みづくりは企業活動の核心とも言えるのです。

当社の人材マネジメントの根幹をなす諸制度ですが、それぞれの発端を振り返ってみると、社員の個別の事例がルーツになっているケースが多いことに気づきます。

たとえば、育休期間の延長や産休前の職務再編が行なわれるようになったのは、出産を控えた技術職社員からの要望がきっかけでした。「一三〇万円の壁」補助制度は、就業調整を理由に勤務を断るパート社員が続出したためですし、班長心得の新設も工場の若い社員からの不満の声がそもそもの発端です。

対処すべき具体的な事例が発生したり、社員から何らかの要望が出されたとき、「前例がない」「制度がない」と言って対応を見送るのではなく、社員のニーズ、当人の能力、貢献の実績、将来の貢献の可能性などを考慮して、具体的な対処を進めるとともに、それを制度として確立する。きっかけは個人の事例かもしれませんが、ひとたび制度化されれば、制度として公平に運用されることになり、ほかの社員も利用するようになります。

社員から何らかの声が上がったとき、面倒だなと思ったり、とりあえずの暫定的な措置で対応するのではなく、社内環境を変革する好機として前向きに捉え、将来にわたって価値を生むような本格的な制度や仕組みをつくり上げていく。振り返れば、当社の人材マネジメントの諸制度はそうやってつくってきた面があります。

自分の会社にも、人材マネジメントの制度をつくりたい――本書をお読みになり、そう思い立たれたのであれば、まずはご自分の会社の社員たちに向き合い、その声に耳を傾けることから始めてみてはいかがでしょうか。

また、制度をつくったとしても、それがお仕着せになってしまったら意味がありません。産休・育休制度や働く女性を支援する制度が充実していたとしても、その制度を利用した人を迷惑がったりする雰囲気が社内にあれば、女性社員は安心して制度を使うことができなくなります。昇格制度や資格制度も、上司から言われたから受けるという他律的な姿勢では駄目です。本人の自発性、自律した意志を持ってチャレンジしてこそ、能力の向上や成長につながります。

制度を利用する以前のそうした個々のスタンスや社内の雰囲気は、その企業でどんな価値観や組織文化が共有されているかが重要です。組織文化については、第4章で詳しく解説をします。

第3章

中小企業だからできる処遇と給与体系

収益低迷にもかかわらず「昇給」させた父の英断

本章では、当社における社員の処遇と給与体系について解説します。

社員一人ひとりの知恵と工夫を引き出し、価値を生み出してもらうには、精神的な報酬とともに金銭的な報酬、すなわち給与面での充実や納得が不可欠です。また、給与は企業内の地位（ポスト）に強く依存するので、昇格などの処遇もセットで考えなければなりません。これまで私は、人材マネジメントの一環として、処遇や給与体系についても試行錯誤を繰り返し、よりよいかたちを求め続けてきました。

給与について考えるとき、私がいつも思い出すのは、父がまだ社長を務めていたころのある出来事です。本題に入る前に、社員の給与について重要な示唆を与えてくれた、父の決断についてお話をします。

いまから四〇年ほど前、父が社長で、私は専務を務めていました。そのころの当社は、収益が低迷していて、私としては社員の給料を下げることもやむを得ないと考えていました。

ところが、社長だった父は、逆に給与増額を決断したのです。

私は、父の決断理由が理解できず、専務として反対意見を述べました。それに対する父の答えはこうでした。

「みんなが不安に感じるようでは、駄目なんだ」

つまり、給与の減額が社員の不安を煽り、働く活力を下げてしまうことを危惧しての判断だったのです。父は、会社がたいへんな状況であることを社員に訴えつつ、それでも社員の気持ちを奮い立たせるため、低業績下での昇給という思い切った措置を取りました。その甲斐もあってか、その後、社員たちはそれぞれの業務に奮起してくれ、業績を上向かせることができました。

いま振り返ると、もしあのときに経営不振を理由に減給をしていたら、社員の働く意欲が下がって業績もさらに悪化し、会社は存続できていなかったかもしれません。

厳しい経営状況の中で昇給するという、一見矛盾するような父の判断は、極めて大切なことを私に教えてくれました。それは、給与の「生活給」としての面を重視する姿勢です。

次項で詳しく述べますが、生活給とは、給与が持ついくつかの側面のうち、勤労者の生活保障の面を指します。給与はまず何よりも生活給として、社員の生活の必要性を満たさなければなりません。生活への不安があれば、社員の働く意欲や会社への貢献意欲は弱まり、企業は次第に力を失ってしまいます。社員が生活への不安を感じることなく、働くことに集中できる環境をつくることは、経営者の最も重要な役割のひとつなのです。

経営者のそんな基本的な責務を、父は身をもって示してくれました。利益追求を至上目的とする経営姿勢からは決して発想されない、まさに英断とも言える経営判断でした。

貢献給と生活給のバランス

まずは、給与に対する基本的な考え方について述べます。

第1章で、企業が創り出す価値（付加価値）の測定方法として、

「付加価値＝人件費＋利益」

という計算式を紹介しました。この計算式の「人件費」が、社員に支払う給与の総額に当たります。つまり、個々の社員に支払う給与とは、企業活動を通じて生み出された付加価値の分配だということです。社員の給与を決めるとは、すなわち付加価値の配分の仕方を考えることと同義だと言えます。

生み出された付加価値を給与として配分するとき、給与の二つの側面について配慮しなければなりません。勤労者の貢献対価の面（貢献給）と生活保障の面（生活給）です。

社内で責任ある職務・職責を担ったり、成果を上げたりしたとき、その貢献に見合った処遇や給与を受けてこそ、人は「もっと成長しよう」「さらなる成果を上げよう」と向上心を持って仕事に臨めます。貢献に見合う処遇を与え、給与を支払うことは、社員の成長や能力開発を促し、さらなる貢献を生み出すという好循環に発展していきます。社員一人ひとりの知恵と工夫を引き出し、企業として新たな価値を創生していくには、給与の貢献給としての面に重点を置くことが不可欠です。前章で紹介した「昇格チャレンジ制度」や「社内資格制度」といった人材マネジメントの諸制度も給与体系と密接に結びついています。

一方で前項で述べたように、上に立つ人間は、給与がまず何よりも生活給であることも念頭に置く必要があります。生活への不安を抱えたままでは、社員は仕事に集中できず、知恵と工夫を存分に発揮することもできないからです。

企業の給与体系を構築していくとき、給与の貢献面と生活面のバランスをどのように配分するかは重要かつ難しい問題です。

世の中には成果主義を謳い、生活給としての側面を脇に置き、貢献面のみを偏重する企業もあります。そうした経営姿勢は、勤労者の働く意欲の土台となる安心感の形成のための給与の役割を軽視しています。自分の生活に安心感を抱けるかどうかは個々の感覚や状況に左右される面もありますが、だからといって「生活を安定させるのは個人の責任」とするのではなく、企業がその給与体系において応分に担うべき役割だと考えます。

逆に、生活面ばかりを重視し、貢献面を軽視するのも問題です。どれだけがんばって会社に貢献をしても、それに見合った報酬が得られなければ、やがて社員は「がんばっても、がんばらなくても結果は同じ」と成長や貢献への意欲を失います。結果として、企業は弱体化して給与支給能力が下がり、生活保障の面さえも弱くなってしまうという悪循環に陥ってしまうでしょう。

生み出された付加価値をどのように配分するか。その判断次第で、社員たちの働く意欲や成長への意欲は高まりもするし、下がりもします。よりよい給与体系を構築し、社員たちの勤労への意欲を向上させることができれば、付加価値生産性は向上して、結果的に社員一人ひとりの給与もさらに増えていくという好循環を生み出すことができます。

次項以降で解説する現在のクリロンの処遇や給与体系は、そうした考え方に基づいて、長年にわたって考察や試行を重ねて、ときに成功したり、ときに失敗したりを繰り返しながら、構築してきたものになります。

給与の三区分
その1「年功職歴給」

当社の給与の枠組みは、支給趣旨を異にする三種類の給与区分で構成されています。それは「年功職歴給」「職務能力給」「家庭環境給」の三区分で、その合計額を社員は給与として受け取っています。

それぞれの概要は、次のようになります。

「年功職歴給」……勤続年数や年齢に応じて支給される。年数が上がっていくにつれて支給額は増加するものの、増加額は若い社員のほうが大きく、年齢と職歴が増すにつれて次第に逓減し、上げ止まりする。

「職務能力給」……職務能力に対応する給与であり、管理職責や専門職責に支給される職責給や、社員の持つ技能資格に応じて支給される資格給などで構成される。

「家庭環境給」……住宅、家族、通勤などに対する手当で、職務能力や貢献とは関係なく、家庭環境に応じて支給される。

まず、「年功職歴給」から説明しましょう。

年功職歴給は、その名称のとおり、社員の年功職歴を基準とした給与です。昇給は、当人の貢献を年ごとに評価・査定して決めますが、評価が悪くても減給することはありません。年功職歴給の額は年功職歴に伴い増加して、五〇歳前後で上げ止まりになります。

当社の年功職歴給の特徴は、日本の多くの企業で採用されている「職能給」と比較するとわかりやすいはずです。職能とは、事業を営むのに不可欠な職務能力を意味し、本来、職能給とはそうした職務遂行能力への給与という位置づけになります。ところが実際には、勤続年数をベースに職務の能力を加味して決められる、いわゆる「年功序列」の賃金体系が日本では職能給と呼ばれてきました。職歴を重ねる中で勤務地や職務の変更などを経験し、事業全体への知識や企業内での人間関係が深まる結果、当該企業内での貢献能力が高まっていくことを考えれば、日本的な職能給のあり方にも一定の合理性はあります。

このように一般の職能給では、年功職歴を基本として、役職や職責との関係も包括しながら、給与額が決められていきます。かたや当社の年功職歴給は、役職や職責との関係は包括せず、純粋に年功職歴のみを基準としています。役職や職責に関しては、後述する「職務能力給」の範疇として、完全に切り分けてしまっているのです。この点が世間一般の給与体系との大きな違いになっています。

では、なぜ年功職歴のみを対象とした給与をつくったのかと言えば、社員の年功には企業活動に貢献し、価値創生力を向上させる効果があると認めているからです。

貢献を、個人的な職務遂行能力のみに限定すれば、貢献度合いは四〇歳前後をピークとして、その後は年齢とともに低下していく可能性があります。ただ当社では、職務能力を「専門能力」と「協働能力」の両面から成り立つものだと考えています。

たとえば、ある社員の中に企業の価値創出に貢献できそうな斬新な着想が生まれたとします。その着想を育み、具体的なかたちにしていくには、本人の能力や努力ももちろん必要ですが、一方で組織や職場での他者との関係性も極めて重要です。社員同士で良好な関係性を形成し、チームとして効果的に働くことで、個のアイデアが組織としての業務や事業へと発展していきます。貢献には、個としての貢献とともに、部署や部門によるチームとしての貢献もあります。そして、チームとしての貢献を生み出すための鍵となるのが協働能力であり、協働面においては若年者よりも年長者に一日の長があると、私は考えます。

人は、年齢とともに人間や他者への理解が深まり、他者に対して寛容になっていくと言われています。この人間的で社会的な成長こそが、企業内においてはチームの力を強めるための協働能力となるのです。年功職歴給は、そうした協働面での貢献を評価する目的を持っています。もちろん、経験年数がチームに対してマイナスに作用するケースがあることも理解しています。たとえば、過去の経験へのこだわりが新たな発想を妨げたり、古参社員が若手社員の成長を阻害する振る舞いがあれば、年功職歴はむしろチームの成長や貢献の足かせとなります。年功のマイナス面を抑え、プラスの効果をより拡大するには、価値創生企業の組織文化への理解が欠かせません。年長者の中に組織文化が深く根づき、その勤務姿勢が組織文化の方向と合致していれば、若手以上に貢献できる可能性が高くなります。そうでなければ、貢献度は往々にして若手以下となります。中間はありません。組織文化については、第4章で詳しく述べます。

給与の三区分
その2「職務能力給」

年功職歴給は、経験年数に応じた貢献に対応しており、年功を積んだことによる職務遂行面での貢献の拡大との関係は間接的です。職務における貢献度の大きさを直接的に反映しているのが、「職務能力給」になります。職務能力給は、社員の能力向上と発揮への直接的なインセンティブとなり、価値創生を目指す企業にとって最も重要な給与区分だと言えます。

職務能力給の内容は、大きく三つあります。組織内での職責に関わる「職責給」、特定の職務能力を評価・認定して支給される「資格給」、委員会手当など特定の役割を担当する場合に支給される「職務給」です。

ここで注意していただきたいのが、当社の職務能力給や職務給と、一般的な意味での職務給との違いです。

一般的な職務給は、職務ごとの価値や難易度などから賃金があらかじめ決まっている給与体系のことを指します。給与総額の大部分を担当職務によって決めるのが特徴で、日本における属人的な職能給に比べて客観性や説明性が高く、職能給の対極にある給与制度だと言われています。

一方、当社の職務給は職務能力給の一部であり、さらに職務能力給は給与全体の一部として、職務能力を評価して支給するものです。言葉が同じで紛らわしいですが、内容的にはまったくの別物だと考えてください。

職務能力給を構成する三つの給与について、以下に説明します。

【職責給】

企業内には、部門や部署の長たる管理職責（部長、課長、係長など）や、部門・部署の職務機能面での能力発揮を先導する専門職責（主席部員、上席部員、主任など）といったポストがあります。こうした職責に支給される給与が職責給（職責手当）です。

月額手当は現在、係長が七万七〇〇〇円、主任は六万円で、賞与分も含めると昇格によって年に一〇〇万円程度の昇給となり、金銭報酬のかなりの増額となります。

この職責給は、以前は「管理・専門職責のポストにある人」に支給をしていました。しかし、「昇格チャレンジ制度」をつくってからは、「管理・専門職責を果たせる能力のある人」に支給しています。たとえば、製造部門において班長（係長に相当）の下に班長心得という職階を設け、班長だけではなく、班長と同等の職務を果たせる班長心得にも職責給を支給しています（43ページ参照）。つまり、制度的には「支給者数がポスト数より多いとなっている点が、当社の職責給のユニークな特徴だと言えます。

昇格チャレンジ制度によって管理・専門職責を果たせる人が増えた分だけ、職責給は増加して人件費負担は大きくなりますが、個々の職務能力の向上によって組織全体としての職務能力の水準が引き上げられれば、それとともに付加価値生産力も高まるので、結果的には職責給の増加を補って余りあると考えています。

【資格給】

社内資格制度で認定される各種資格に対して付与する手当が、資格給です（社内資格制度については46ページ参照）。

支給される資格給は、資格の種別やランクに応じて異なります。製造職の社員の主要資格である生産技能資格では、一般社員の資格手当が初級は一万二〇〇〇円、中級は二万五〇〇〇円、上級は三万五〇〇〇円としています。職責手当が支給されている役付き社員の場合は一定レベルの業務能力を有していることが当然なので、初級八〇〇〇円、中級一万八〇〇〇円、上級二万五〇〇〇円と、資格給は一般社員よりも減額しています。ほかの主要資格（設備技能、物流技能、開発技能）の資格手当も同額です。

一般資格（情報技能、応対技能）の手当額は主要資格よりも少なく、全体として月額一〇〇〇円～一万五〇〇〇円となっています。

【職務給】

当社には、さまざまな委員会が組織されています。たとえば、職制系統を補完するための「職制会議」が製造、営業、事務の各部門に設けられています。また、部門を越えた課題に取り組む委員会として、製造と営業間での事案調整のための「製販連携委員会」、社外への広報活動を担うために営業、技術、事務の社員で構成された「広報委員会」が常設されています。さらに以前は新卒入社者への研修活動を人材部とともに担う特別委員会として「新卒研修特別委員会」がありましたが、現在は発展的に改組して、各職種別の常設委員会として「〇〇職成長委員会」を設置しています。

これら各種委員会の委員に任命された社員には、職務給として委員手当を支給しています。金額は、職制会議の運営委員には月額七〇〇〇円から一万五〇〇〇円程度、そのほかの委員には難易度や開催頻度などに応じて月額五〇〇〇円から一万円程度となっています。なお、委員会としてほかに、社内資格制度の審査を担う「審査委員会」もありますが、審査委員になることは有資格者の責任となっているため、支給は資格手当のみで、委員手当は支給していません。

これら各種委員会の委員数は現在、合計で七五名、社員数の約三七パーセントに達しています。このように多数の社員を委員に任命しているのは、社員の経営管理能力を高めるために有効だと考えているためです。委員として他部門や他部署の社員と協働して全社的な課題に対処する中で、経営管理的な判断を行なうトレーニングになり、視野も広がります。今後はさらに委員会制度を拡充させ、委員の数を増やしていく計画です。

給与の三区分
その3「家庭環境給」

給与を構成する三つ目の区分が「家庭環境給」です。

住宅手当や家族手当など、社員の家庭環境に応じた給与であり、当人の職務能力や貢献度とは一切関係なく、社員であれば規程に従って支給されます。給与の生活給としての面に強く関係している区分になります。

金額は、社員一人当たりの平均額で住宅手当は二万四〇〇〇円、家族手当は二万四〇〇〇円。各々上限額を住宅手当五万円、家族手当二万五〇〇〇円としています。

住宅手当は、社員の住宅ローンや家賃など住居にかかる費用の一部を会社として補助する給与ですが、その金額を決める際に難しいのは、住宅費の地域格差をどう考えるかという点です。たとえば、同レベルの間取り、設備を備えた住居を賃貸する場合、東京や大阪などの大都市圏と、北海道、東北、九州などの地方都市では、賃料に圧倒的な差があります。そのため、同額の手当では、享受できる価値（＝部屋の広さや設備、立地の利便性など）が地域によって大きく異なってしまいます。

家庭環境は個人の選択や状況に依存しているため、手当によって享受できる価値の等価性にまで企業が配慮すべきなのか、という議論はあります。また、給与の同等性とは、給与額の同等性なのか、享受価値の同等性なのか、ということも給与を巡る基本的な論点です。

ただ、当社のように全国に生産・営業拠点を持つ企業の場合、転勤に伴って享受価値は変動しますし、地域別採用を同一賃金で行なってしまうと賃金の相対格差が応募者の能力格差を生む可能性もあります。これらを補正するために地域手当を設ける案もありましたが、地域格差が大きいのは主に住宅費なので、住宅手当に地域格差を設けて対応することとしました。

一方、家族手当は、子どもや高齢者など非勤労家族の扶養費用を補助する給与です。家族手当の有無や金額の多寡も、企業によって判断が分かれるところだと思います。

そもそも扶養は家族や社会の持続性の問題であり、個人と社会全体（公共）とが費用を分担すべきで、企業は関与する必要はないとの考え方もあります。実際、扶養者の有無や多寡に伴う費用格差を公共的な再分配で公平化するため、税金の扶養控除、児童手当の支給、幼児教育・保育の無償化などの公的制度が実施されています。ただ、現実問題として、公的な扶養補助制度だけでは扶養費用の格差を十分に均す水準には達しておらず、結局は、個人への負担が大きくなり、扶養家族が多い勤労者は高い給与を得るために一層がんばって働かなければならない状況になっています。

子どもや高齢者を扶養するのは、家族の責任だと言ってしまえばそれまでなのですが、私としては「はたして、それでよいのだろうか」「企業も、社員の家族に応分の役割を果たすべきではないか」という思いがありました。そこで、給与の一部として家族手当を支給することとしたのです。

とはいえ、扶養費用の大部分を賄うほどの金額を支給することは現実的に難しいため、「役割を果たす」といっても実質的な意味合いはどうしても小さくなります。ですので、家族手当の支給は、給与とは貢献への対価であると同時に、勤労者の生活を維持するものであるという当社の給与観の表明としての意味合いのほうが大きいと言えます。

職務能力給の拡充を目指す

給与に対する企業の考え方は、ここまで述べてきたような給与区分以上に、「どの区分の給与に重きを置いているか」という付加価値の配分の仕方に顕著に表われます。

当社が目指しているのは、事業を通じた価値の創生です。そのためには、社員一人ひとりの成長や付加価値生産力の向上が必須であり、それゆえ職務能力給を配分の重点に据えることが望ましいと考えています。職務を通じた企業への貢献が職務能力給としてダイレクトに昇給に反映されれば、社員の能力向上意欲が高まり、付加価値生産能力もさらに上がっていきます。職務能力給は、給与制度自体が社員の能力形成を促し、企業の力量を強化するための中心的な機能を果たします。

ただ、「貢献給と生活給のバランス」の項でも述べましたが、職務能力給という給与の貢献面のみにやみくもに偏重してしまうと、給与体系全体のバランスが悪くなります。では、どのような状況であれば、職務能力給の拡充が実現できるのか。ポイントは、付加価値生産性のボリュームにあります。

付加価値生産性とは、付加価値総額を社員数で割った「一人当たりの付加価値額」のことを指します。

付加価値生産性が低い状況下では平均給与も低いため、給与のうち生活保障の側面（家庭環境給）を重視しなければなりません。社員の生活を支えるためには、最低限必要な給与レベルがあるからです。付加価値の配分も年功職歴給や家庭環境給の割合が相対的に大きくなり、社員間の給与額の格差は小さく、付加価値の配分は平等的な傾向になります。

付加価値生産性が高くなっていけば、平均給与水準も高くなります。そうなれば、職務能力給のウェイトを大きくしていくことも可能になります。全体としての給与水準が高いため、給与に占める職務能力給の割合を大きくしても、一方で生活レベルの維持に必要な額も十分に確保できるためです。

職務能力給の割合が拡充されれば、社員の貢献面での格差を給与に反映しやすくなります。たとえば、営業職の場合、既存商品の売上維持と新商品の売上獲得を比較すれば、後者のほうが新規の価値を生み出しており、貢献度は高くなります。そうした貢献格差を職務能力給として給与に反映させることができれば、社員の付加価値生産への意欲と能力を高めることにつながるはずです。

ちなみに、全給与に占める職務能力給の理想的な割合については、これまでいろいろと考察を重ねてきましたが、現時点ではまだ答えが出ていないのが正直なところです。

当社の現状は、職務能力給は全給与の一四パーセント程度で、年功職歴給が七二パーセント、家庭環境給その他が一四パーセントとなっています。以前は、職務能力給の割合はもっと低かったのですが、昇格チャレンジ制度や社内資格制度を創設し、制度を利用して昇格したり、資格を取得する社員数が増えていったことで、職務能力給の割合も徐々に高くなっていきました。ただ、ほかの給与と比較すると、まだまだ低い水準にとどまっているというのが私の考えです。

年功職歴に伴って増加する年功職歴給や、能力や貢献にかかわらず規程に従って支給される家庭環境給と異なり、職務能力給は社員自身の主体的な取り組みやその成果が報酬として反映される区分です。組織人、社会人として主体性は不可欠な資質ですし、社員の能力開発をさらに推し進めるためにも、職務能力給の拡充は必須の課題です。

現時点で職務能力給の割合が低くなっている原因は、給与総額が全体としてまだまだ少ないためです。これから先、事業を通じて付加価値を増やしていく中で、職務能力給への配分を増やしていき、できれば給与全体の二割以上を占めるレベルにまで拡充したいと考えています。

付加価値の増減にリンクする「賞与」

当社では、三区分の給与を月給として支給しているほか、一般の企業と同様に夏と冬の年二回、賞与を支給しています。

月給は、現行の給与制度や給与規程を運用することで金額が決まりますが、賞与の額はそのつど決めなければなりません。賞与の総額と配分の決定に、毎回頭を悩ませている経営者の方は多いのではないでしょうか。

当社では現在、付加価値から計算式を用いて賞与の総額を算出する方法を採用しています。現行の方式に則れば、生み出される付加価値が大きくなるほど、賞与額は増えていきます。賞与額と付加価値が直結していればこそ、社員の付加価値生産性向上への意欲も高まるのです。また、経営者の裁量ではなく、客観的な計算式に基づく決定方法に変更してから、賞与額決定の悩みと負担から解放されることもできました。

賞与総額の決定は、次のような手順で行ないます。

【賞与総額の決定】

（1）基準年度を定め、その年度における付加価値総額と賞与総額の実績値を求めておく
（2）賞与支払い年度の付加価値総額を算定し、基準年度に対する付加価値の伸び率を算出する
（3）（2）で求めた付加価値の伸び率に一定の割合を掛けて、賞与額の伸び率を定める
（4）基準年度の賞与総額に、（3）で求めた賞与額の伸び率を掛けて、支払い年度の賞与総額を決定する

多くの企業では、賞与総額は収益とリンクして決めているのではないでしょうか。それは、賞与を利益の分配とする考え方が背景にあるからだと思います。当社では、賞与は給与と同様に付加価値の分配であって、利益の分配としては考えていないため、右のような方法を採っています。

なお、（3）の付加価値の伸び率に掛ける「一定の割合」は、賞与への付加価値の配分方針に基づいて五割や一〇割などと変動します。配分方針は、三年ごとに定める中期経営計画の中で決めています。一〇割とは付加価値伸び率と同じ割合で、五割とは付加価値伸び率の半分の割合で、賞与総額を増やすことを意味します。また、付加価値総額が基準年度

に比べて減少すれば、賞与総額も一定割合で減少します。

賞与は夏冬の年二回あるので、夏季は半期分の伸び率から推算して算出します。冬季の時点では年間実績が確定しているため、実績値から年間の賞与総額を算出して、夏季支給分を引いた額を冬期支給総額としています。

総額が決まったら、次に社員個々人への配分額を決めます。

配分額は、自社で開発した賞与額計算システムで決めています。

各人の査定評点は、所属部門の部門評価と個人評価から決まりますが、現状では「部門評価7：個人評価3」の割合で加重平均し、個人の査定評点を求めています。各人の個人評価よりも部門評価を重視している理由は、次項以降で詳述します。

賞与額計算システムによって算出された計算結果は、私が最終調整を行なって配分額を決定します。

社長による最終調整を行なうことで計算結果が大きく変わってしまうと、数値計算の意味が薄れてしまいますが、最終調整なしではすべてが計算システムの枠組みで決まってしまって細かい配慮が働かないため、やはり最終調整は必要だと考えます。ただ、大幅な調整を回避するため、最終調整額は賞与総額の二パーセント程度に止めるようにしています。

貢献するのは「個人」か、「組織」か

付加価値生産への貢献に応じて給与や賞与の配分を行なうには、「社員一人ひとりの貢献度をどのように評価するか」という基準を明確にしておかなければなりません。貢献度の評価基準が曖昧なままでは、それぞれの貢献に見合う給与や賞与を支給することはできません。

給与の場合、基準は明確です。

年功職歴給は、年ごとの昇給額を決めるための評価・査定はありますが、基本的には年功職歴そのものを貢献と見なし、勤続年数や年齢に応じて支給します。職務能力給は、昇格チャレンジ制度や社内資格制度とリンクし、当人の職責や技能資格、担当する委員会によって貢献度を判断し、所定の額を支給します。

難しいのは、職責や資格、年功職歴といったわかりやすい基準がない賞与です。

前項で述べたように、賞与額はその年の付加価値の増減と直接的にリンクしています。つまり、増加した付加価値に対する社員一人ひとりの貢献度をそのつど、評価する必要があるのです。

貢献度を評価するとき、まずは貢献主体が「個人」か「組織（部署・部門）」か、という視点が出発点となります。

結論から言ってしまえば、「両方」ということになりますが、個人と組織の貢献度の割合は業種や職種で大きく異なります。

たとえば、不動産会社や投資会社などでは、個人的判断の適否が事業成果を左右します。テクノロジーに関わる業種では、個人のアイデアによって技術革新がもたらされるケースが多々あります。弁護士、会計士、税理士などの専門資格職業（士業）は、職務自体が個人的な営為です。こうした業種や職種では、個人の役割を重視する配分方法を適用してこそ、個の力を最大限に引き出して、付加価値生産性を高めることができます。

一方、多くの企業活動では、チームの力が重要な意味を持ちます。企業がさまざまな職種や部門、部署から構成されている事実そのものが、企業の付加価値生産は組織によってなされ、部門や部署での成果もチームとしての営みによってもたらされることを示しています。

そこで問われるのが、生み出された成果や価値に対して「チームとしての貢献」と「個人としての貢献」をどう区分けし、評価するかという問題です。その区分けや評価の仕方には、成果を上げる手立てをもっぱら個人の能力や努力に置くのか、それともチームへの貢献に置くのかという、企業の基本姿勢の違いが反映されます。

わかりやすい例として、営業活動で考えてみましょう。

営業担当者が個別に売上目標を持ち、その達成度に応じて給与の配分を行なう企業は少なくありません。売上目標はノルマとも呼ばれ、営業マンはその達成に向けて必死に努力し、達成成果が査定されます。

実は当社も、かつては各営業マンの個人目標達成度を貢献度の評価要素に加えていました。ただ、個人を貢献主体として重視する評価が行なわれると、営業マンは各人が個人商店のような意識と行動で活動する傾向が強まっていきます。その結果、相互の情報共有や協力は弱くなり、顧客との関係も「企業対企業」ではなく、「顧客の窓口と当社の営業マン」という個人的な関係性が強くなっていきました。また、新人の育成も先輩営業マン個人に委ねられ、重要客先はいつまでも若手に任されず、先輩・後輩の関係も固定化されて、個人的な営業習性が伝播されるなどの悪弊も生じるようになりました。つまり、営業活動全体が営業マン個人の経験を基盤とする枠組みで営まれるようになってしまったのです。

そうした弊害を解消するために行なったのが、貢献主体を「個人」から「チーム（営業所や課）」へと移行することでした。

売上目標の設定とその評価や査定を、営業所・課単位で行ない、営業所・課内の個々の営業マンの売上は一切、評価や査定の対象としない制度へと改革したのです。その結果、営業メンバー間の協働が促進され、前述のような個人主体による弊害が徐々に軽減されました。また、営業所・課の目標達成には営業マンだけでなく、事務担当者もともに責任を負う体制としたことで、営業マンと事務との連携も強化されていきました。

工場においても、同様の改革を行ないました。班単位で目標を定めて、達成責任を負う体制をつくり、チームとしての目標達成率で事業に対する貢献度を評価するようにしたのです。

しかし、こうした貢献主体を個人からチームへと移行する改革は、簡単には進みませんでした。なぜなら、人は身についた習慣や社会一般から受ける影響からなかなか脱することができないからです。それでも、「個人からチームへ」ということを繰り返し言い続けているおかげで、遅々とではありますが、社員たちの意識と行動は変わってきていると感じています。

個人の貢献をどう評価するか

貢献主体はチームとしましたが、企業活動を通じて生み出された付加価値を個々の社員に分配するには、当然、個人の評価もしなければなりません。

個人の貢献は、部門・部署・個人の三つの評価を合わせて総合的に評価しています。部門とは、製造、営業、本社、技術などの大きな区分で、部署とは、製造部門で言えば各工場の各班、営業部門では七営業所・課など、部門の下にある区分を指します。

全社が生み出した付加価値に対する各部門の貢献度は、その年の状況で多少変わりもしますが、基本的には同等と見なし、部門評価は同レベルとします。部署評価は、製造と営業の部門では、部門・部署ごとに会社と協議し、設定した数値目標をどれだけ達成できたかという達成度合いで判定します。本社部門や技術部門では、部門評価と同じレベルが部署評価となります。こうして、部門と部署の評価が定まります。

個人評価では、個人の数値目標達成は除外し「貢献力」を評価します。貢献力は「勤務に対する姿勢」「経営理念に対する理解」など、一〇項目ほどの要素に区分され、それぞれの要素に対して、本人と上司が段階的な点数で評点を付けます。人は、全体的な判断能力には優れているので、貢献力の各要素の段階評価はかなり的確に実施できます。

貢献力には、技能も含まれます。たとえば製造部門では、工場独自の資格制度（56ページ参照）を通じて、すべての作業内容について「誰が、どの作業を、どのくらいのレベル（習熟度）でできるか」が一覧できる技能表があります。事務部門でも、事務版の技能表と言えるものがつくられています。これらを参考に評価が行なわれます。

また、貢献力と併せて、各人が自主的に設定した「行動改善」における目標事項も同様の手法で評価しています。

当社の個人評価の特徴は、自己評価と他者評価と評価面談から構成されていることです。手続きの手順は、

（1）各人が自分自身の貢献力と行動改善の自己評価を行なう
（2）上司は、当人とは別に同様の評価を行なう（他者評価）
（3）両者の評価を突き合わせる評価面談を実施し、合意された評価内容を個人評価とする

となります。

こうした評価制度が確立されるまでには、何年もの試行錯誤が続きました。その間には別の評価方式も試したりしましたが、当社には適さず、最終的には右のような「貢献力」と「行動改善」を軸とする独自の評価方式を開発しました。この評価方式は、さらに三年余りをかけて、まずは営業部門において試行したのち、事務部門、製造部門、技術部門へと順次全部門へと展開し、現在では全社的に採用しています。

本人評価と他者評価を行ない、さらに評価面談を行なうという手間のかかる評価方式を採っているのには理由があります。


ひとつは、「本人が納得できる評価結果とするため」です。

上司から一方的に評価内容を提示されるだけでは、なぜ、そのような評価が下されたのかのプロセスもわかりませんし、本人としては納得できないこともあるはずです。納得のできない評価をされ続ければ、いつしか上司や会社に不満を抱くようになり、働く意欲も低下します。社員がそのような状態に陥ることは、会社にとってもメリットはありません。

また、「評価手続きへの理解を通じて、当社の基本姿勢を深く知ってほしい」という目論見もあります。

これは個人評価だけでなく、給与の決定手続きも含めた給与体系全般に言えることなのですが、処遇のあり方には当社の企業個性が色濃く反映されています。つまり、社員が自分自身の評価プロセスに積極的に関与し、金銭面での処遇の決め方をよく知ることは、働く人や働くことに対する会社の考え方（＝経営者の考え方や価値観）を理解することにもつながります。

三つ目の理由は、「評価を本人の改善行動に結びつけてもらうため」です。

一般には、評価は査定のために行なわれると考えられています。実際、当社でも自己評価を踏まえた評価結果を賞与配分などの個人査定に用いています。ただ、評価を行なう主目的は「貢献結果を査定すること」（社員の管理）ではなく、「貢献力を向上させるため」（社員の成長）と位置づけています。つまり、本人の成長と能力開発に向けての自覚を喚起し、行動改善を促すために評価を行なっているのです。自己評価と他者評価を突き合わせる評価面談を実施しているのも、評価手続きにおける透明性と対話性を高め、評価内容を当人の成長に結びつけてもらいたいという意図があります。

この三つ目のポイントは、当社の評価システムを理解するうえで核心的な部分であり、世間一般の方式と決定的に異なっている点だと思います。

ただ、そうした根本的な考え方が社員に完全に浸透しているかと言えば、まだまだ足り

図6　クリロン社員の年齢と年収

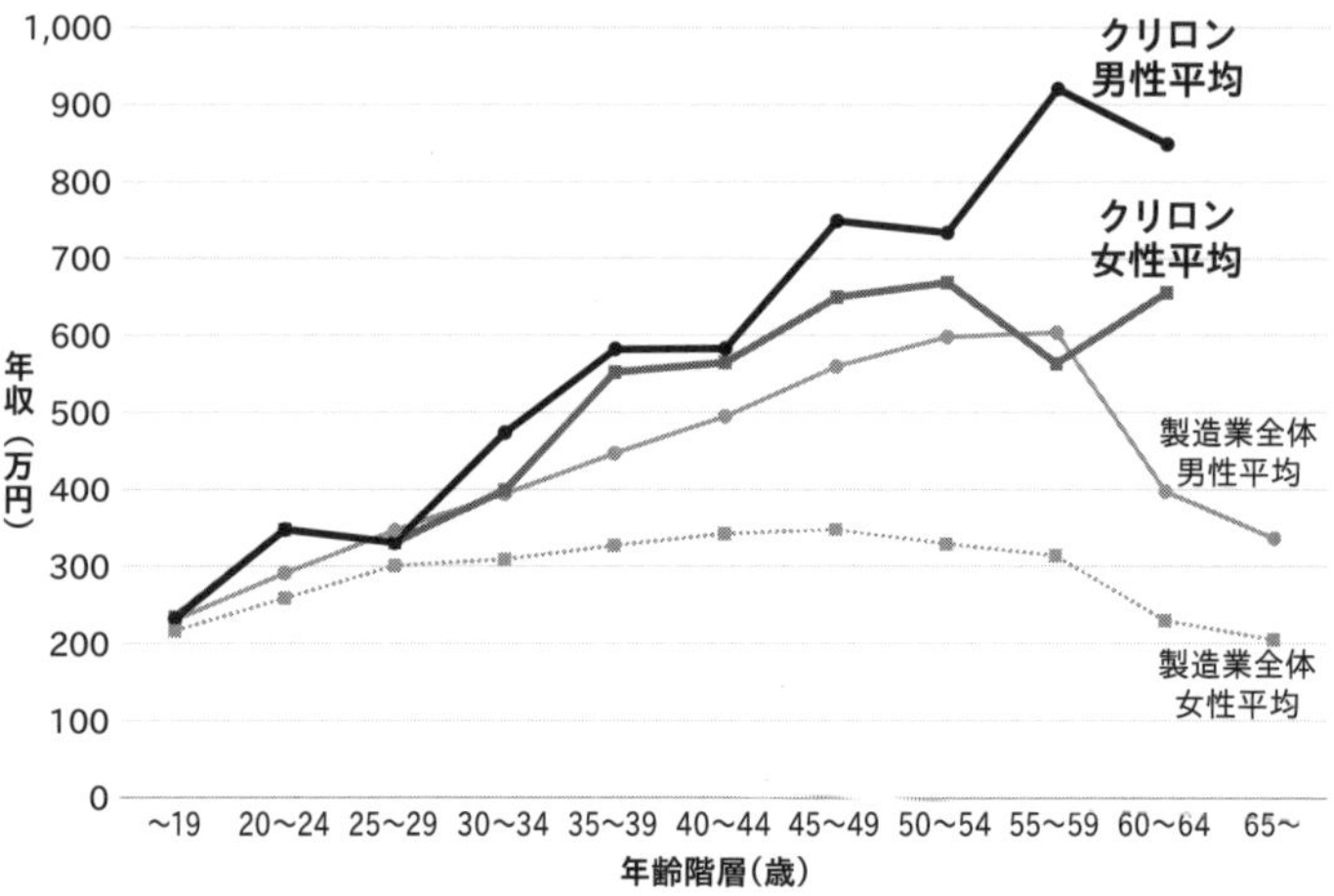

ていないのが現実です。前項で述べた貢献主体の問題と同じように、社会一般に流布している「評価＝査定」という観念が社員の意識に根強くあるからです。その意識をいかに払拭し、「評価＝成長の手立て」という認識を浸透させていくかが今後の課題になっています。

男女の賃金格差をいかになくすか

当社はこれまで、男女の賃金格差を小さくすることにも取り組み、一定の成果が出ています。

図6に、社員の年齢と年収の関係を示し

ます。当社と製造業全体の男女別の比較です。クリロンは二三〇名ほどの社員数ですので、比較する製造業も社員数一〇〇名以上、一〇〇〇名未満の企業の平均値を示しています。

まずは、製造業全体の大きな傾向を見てみましょう。男性社員は、六〇歳くらいまでは年齢とともに年収が上がっていきます。ですが、女性の年収を見ると、製造業全体では男性よりかなり低く、年齢に伴う伸びも少なく、五〇歳前で上げ止まりしてしまいます。これが、男女の賃金格差の実態です。

一方、当社では、年齢とともに男女の年収が同じように上がっていき、男女の格差も大きくありません。その結果、女性社員の賃金は、製造業全体と比べてかなり水準が高くなっています。

製造業全体で見たとき、女性の賃金が低いのは、結婚や出産、子育てのために退職をしたり、仕事を休まなければならないため、補助的な職務しか任せられていないからだと考えられます。

しかし、企業全体の付加価値生産力の向上を目指すのであれば、男性社員はもちろん、女性社員の力を引き出すことは必須であり、出産や子育てを理由に補助的な職務しか任せないのは極めてもったいないことだと言えます。

そのため、当社では第3章で紹介した人材マネジメントの諸制度を設けることで、女性社員にも年齢とともに、会社への貢献度が大きい、責任のある職務に就いてもらえる環境を整えてきました。

ここまで述べてきたように、処遇や給与の大原則は、会社に対する個々の貢献にしっかりと対応させることです。処遇や給与を上げるには、貢献度を高めてもらうことが不可欠であり、一般に貢献度の高い職務とはより大きな責任が伴う職務となります。

これからの時代、女性社員にも責任ある職務を担ってもらわなければなりません。ただし、「女性活躍」「女性活用」を叫ぶだけでは何も進展しません。本気で女性人材の活用を目指すのであれば、それを実現するための仕組み、女性が責任ある職務を担える環境をつくっていくことが経営者の役割なのです。それがひいては、構造的な男女の賃金格差を解消し、女性社員の働く意欲や成長への意欲をさらに高めることにもつながっていきます。

超過勤務は自主管理で

サービス残業や長時間労働、働き過ぎによる健康被害や過労死などは、現代日本が抱える深刻な社会問題と言ってもいいでしょう。
社員の超過勤務や残業に対する対応の仕方には、その企業が「人が働くこと」に対して
どのように考えているのか、すなわち働くことへの企業の価値観が色濃く反映されます。
また、残業をすれば、残業手当（時間外手当）が支給されるため、働く人たちにとって関
心の高い問題だと思います。
当社では「超過勤務の自主管理」とも呼べる制度で、労働基準法とは少し異なる枠組み
で対応をしています。
労働基準法では、所定外労働は事実基準で扱われます。つまり、事実として発生した所
定外労働時間に対して既定の手当を支払うことを定めており、所定外労働が発生した原因
や理由は問わないのが原則です。
ただ、その原則に則ると、通常の勤務時間内に真面目に仕事をせず、サボった分の埋め
合わせを残業でしている人にも、残業手当を払うことが〝是〟となってしまいます。そん
な働き方を認めてしまえば、いつまで経っても付加価値生産力の向上は望めません。
そのため当社では、社員の超過勤務に対して独自の仕組みで対応することにしました。
まずは所定外勤務の発生理由を問い、三つの理由に区分します。
理由の第一は、「業務命令」。上司の指示や職務上の不可避な理由で、所定外勤務が生じ

た場合が該当します。

第二は「自主判断」。担当する業務を翌日以降に後回しにせず、所定外勤務で処理するほうが好都合だと、当人が判断して所定外勤務を行なう場合です。

第三は「自己責任」。業務遂行のミスや誤りなど、当人の責任に起因して、所定外勤務が発生した場合です。

社員は、所定外勤務が発生した理由が三区分のうち、どれに当たるかを自分自身で判断し、勤務表に区分と所要時間を明記して上司に申告します。申告を受けた上司は、申告内容の是非は判断せず、内容の確認のみを行なって会社に提出。会社も、自己申告の内容をそのまま承認します。

こうして確定した所定外勤務時間に対して、業務命令分には既定の残業手当が支給されます。自主判断分は、所定外勤務時間の半分を累積時間として記録して、早退、遅刻、休みなどの時間をこの累積時間から差し引いて充当します。残余の累積時間は半年ごとの賞与時に金銭清算します。自己責任分については、残業手当も累積時間としての扱いもありません。

この制度の特徴は、超過勤務の発生理由を社員自身が区別し、上司も会社もその区別の是非を問わずに承認することです。自主申告ゆえ、仮に同じ状況で残業をしたとしても、Aさんは「自己判断」、Bさんは「自己責任」に区分する事態も起こり得ます。区分が異なれば、残業手当の有無など会社の対応も異なり、給与にも影響します。それゆえ、社員側から「会社として区分のガイドラインを定めてほしい」との要望が出てきたこともあります。けれども、そうした判断基準の類は一切設けず、超過勤務の発生理由は当人の判断に委ねる方式を現在も続けています。

もし仮にBさんが「Aさんのほうが得をしている」と考えて、自分も「自己判断」に区分するならば、会社も「自己判断」として扱います。つまり、当人の自主的な判断を、そのまま会社の正規の認定としているのです。

こうした自主申告を基本とする制度では、公平性が確保できないのではないか、と危惧する方もいるかもしれません。しかし、公平性を制度に委ねることで、本当に公平さは維持されるのでしょうか。むしろ私は、判断をガイドラインに委ねず、何が公平かを自らに問い、自らが公平であろうとする姿勢こそが肝心なのだと考えています。他者がどうであるかに関係なく、自らの意志と判断で公平に振る舞おうとするとき、高い次元での公平性が実現するのではないでしょうか。公平性とは、他者や制度ではなく、自分自身の中に求めるものなのです。

このような自分を律する精神、すなわち「自律精神」は自己管理能力の根幹を成すものであり、組織の一員として新たな価値を生み出していくうえで必要な資質です。詳しくは、第4章の「自律に基づく規律」の項（166ページ参照）で解説します。

超過勤務の自主管理制度は、当初は技術部門に導入しましたが、現在では製造部門や事務部門にも適用されています。自分の働き方を自分で律して管理する姿勢は、これからの時代、技術職や営業職はもちろん、製造職や事務職にも必要とされるからです。なお、営業部門はもともと職務上の裁量範囲が広い自律的な職種のため、残業手当は支給せずに、定額の営業手当を支給しています。

一方、業務命令による残業時間は、会社として四半期単位で目標管理を行なっています。まずは通常の勤務状況下で必要と考えられる残業時間（許容残業時間）を各部署が自己申告し、総務部の案とすり合わせて部署ごとの状況に則した許容残業時間を決めます。そのうえで、許容残業時間分の「時間券」が各部署宛に発行され、勤務表に時間券を添付することで残業手当が支給されます。

通常の勤務時間では対処できないイレギュラーな事態（たとえば、新規のコンピュータシステムの導入など）に際しては、対処に必要な所定外勤務時間を事前に推定し、「特別時間券」を事前発行して対処します。

職務上不可避な理由で恒常的に所定外勤務が発生するならば、残業手当ではなく、定額の業務手当を支給しています。営業職に支給される定額の営業手当もその一例です。

所定外勤務はあくまで非定常的に発生する事態であるという認識ですが、非定常的だとしてもゼロにすることが理想ではあります。そこで所定外勤務がゼロになるように会社も社員も常に意識して、職務の進め方の見直しなどを通じて残業時間の削減を実施しています。

中小企業の給与改革に必要なこと

ここまで、当社の処遇や給与体系について述べてきました。第2章で紹介した人材マネジメントの諸制度と同様、処遇や給与に関する制度も考察や試行を重ね、現在のかたちになるまでにはかなりの時間がかかっています。

給与体系の大幅な改革は、大企業では比較的容易に実施できます。しかし、中小企業では大幅な改革は困難です。その理由は簡単で、中小企業は大企業に比べて平均賃金のレベルが低いからです。

給与体系を変えれば給与に増減が生じ、増える社員と減る社員が出てきます。増減の差が小さいと改革の効果は弱くなってしまうので、確実に改革を実行するならば給与体系を大幅に変更して増減差も大きくせざるを得ません。このとき、平均給与レベルが高ければ、給与が減る社員もそれなりの生活レベルを維持できます。しかし、給与水準が低い中小企業では、給与が減る社員は生活給の最低レベルを割り込んでしまい、食べていけなくなるかもしれません。そのため、中小企業ではほどほどの改革しかできないのです。

中小企業が望ましい給与体系を実現しようとするならば、急激な改革が難しい以上、一貫した方向性の下で時間をかけて改革を進めるしか方法はありません。そのためには「あるべき給与観」が不可欠です。明確な給与観さえあれば、中小企業でも長い期間をかけて抜本的な給与改革を進めていけます。

当社におけるその好例が、約二五年前に行なった昇格チャレンジ制度と班長心得の職階の新設です。

第2章でも述べたとおり、班長心得をつくる前は、工場の専門職責は班長だけで、若い社員から「いまの班長が辞めないかぎり、自分たちは班長になれない」という不満の声が上がっていました。私としては、若い人たちをできるだけ早く責任ある役職に就けて、リーダーとしての職務能力をつけさせたいと考えていました。しかし一方で、若い社員を班長に昇格させることで、現班長を降格させるわけにもいきませんでした。当時の班長の手当は月三万円で、それを失えば生活に大きな負担が生じてしまうからです。

社員を成長させて、会社の付加価値生産力の向上に貢献してもらいたい。と同時に、社員たちの生活レベルの最低限必要な保障もする。その両方を実現することが、私にとっての「あるべき給与観」でした。

理想と現実のはざまで「どうしたものか」と迷っていたとき、幸いなことに会社の業績が少しばかり上向き、給与を増やせる状況が訪れました。そこで班長手当を四万円に増額し、新たに班長心得の職責を設けて月三万円の手当としたうえで、班長心得への昇格を審査する昇格チャレンジ制度や、班長は班長心得から選任するという処遇体制を構築しました。

その後、四半世紀をかけて、昇格チャレンジ制度は社内のすべての部門・部署に適用されて、制度上はポスト数以上のポスト就任可能者の育成が可能になりました。まさに右に述べた、私のあるべき給与観を実現できる枠組みとなっているのです。

企業経営を長く続けていれば、業績の好不調の波は必ずあります。給与改革の原則は、業績が谷のときの削減ではなく、山のときの上乗せで改革を進めることです。

谷のときに給与を削減してあるべき給与体系を実現しようとしても、それでは社員の支持は得られず、あるべき給与観を社員と共有してともに追求していく力は得られません。中小企業にも必ず、給与への配分を増やせる好業績の状況は訪れます。そのタイミングを逃さず、あるべき給与観の実現に向けて、給与の上乗せを実施することで給与改革を推進していくのです。

第4章

社員をひとつにする協働と組織文化

人の力を引き出す「協働能力」

本書の中で繰り返し述べてきましたが、当社では社員の職務能力を「専門能力」と「協働能力」という二つの能力要素から成り立つものだと考えています。

専門能力とは、営業、事務、技術、製造といった職種ごとに必要とされる能力のことで、第2章で紹介した社内資格制度や研修などを通じて能力向上を図っています。

協働能力とは、ほかの社員と力を合わせて働く能力、組織人としての能力であり、どんな職種・職責の社員も共通して身につけておくべき能力と言えます。

職務能力は、専門能力と協働能力の〝掛け算〟で決まります。〝足し算〟ではありません。なぜなら、この二つは質的に異なる能力だからです。まわりに比べて圧倒的に優れた専門能力を備えていたとしても、協働能力が劣っていれば、トータルな職務能力としてはかなり割り引かれます。逆に、専門能力は人並みだとしても、協働能力に優れていれば、高い職務能力を発揮することができます。

社会で働く人々の多くは、企業組織で働いており、企業内での分業を通じて価値を生み出します。企業や社会に貢献し、金銭面と精神面の両面において満足感を得ながら、いきいきと働くには、協働能力の充実は不可欠な条件なのです。

では、協働能力の優劣とは、どのように決まるのか？　また、組織内で協働を促進させるにはどうすればいいのか？　それが、本章のテーマです。

ここではまず、「協働能力とは何か」について、もう少し突き詰めて考えたいと思います。先ほど、協働能力の説明として「ほかの社員と力を合わせて働く能力」と述べました。この説明だけだと、協働能力とは「まわりの社員と良好な関係性を築き、気持ちよく働く能力」だと受け取られるかもしれません。たしかにそうした要素も協働能力の一部ですが、本質ではありません。

協働能力の核心とも言える要素——それは「人の力を引き出す能力」だということです。人の力を引き出すとは大げさに聞こえるかもしれませんが、すべての働く人がその資質を備えています。たとえば、若い社員が毎朝元気よくあいさつをすれば、職場の人たちの気分はよくなります。その気分が反映して仕事がはかどり、生産性が上がれば、若い社員が職場のほかの人たちの力を引き出したことになります。このように働く人同士の相互影響を広く捉えれば、誰にでも他者に働きかけてその力を引き出す能力はあるし、さまざまな場面が働きかける機会となり得ることをご理解いただけるのではないでしょうか。

協働とは、複数の人がただ単に一緒に働くこと、仲よく働くことではありません。一人ひとりが他者の力を引き出すように振る舞いながら、ともに力を合わせて働くことが協働であり、そのために必要な能力が協働能力なのです。


協働能力の内容は、職責によって異なります。

一般職では、ほかのメンバーの力が出るように職務を実施したり、創意が引き出せるように会議で振る舞ったりすることなどがポイントです。まわりとの確実なコミュニケーションに努め、さらに組織人として組織決定を遵守する姿勢なども、能力の要となります。

職責を与えられたリーダーとなれば、それらに加えて、チームのそれぞれのメンバーの能力向上や的確な職務配置など、他者の能力を引き出す面が重要となります。また、他部門・他部署との連携面での役割も大きくなります。

経営者レベルでは、社員の協働能力を向上させるマネジメントの工夫が大きな課題となり、企業経営を通してそれらの工夫を現実化させる力量が必要となります。

リーダーや経営者のそうした力量は、見方を変えれば、管理職としての管理能力のようにも見え、その意味で専門能力の範疇だと思われるかもしれません。しかし、人の力を引き出す能力を管理能力だと見なすことは、「人の力を引き出す＝部下を動かす」という発想につながり、協働能力への認識が狭く、浅くなってしまいます。管理職における協働能力とは、専門能力としての管理能力に包括されるものではないのです。

協働能力に優れたメンバーが集まった組織は、互いが互いの力を引き出し合って相乗効果を生み、業務を通じて大きな成果を生み出してくれます。企業の付加価値生産力の向上のため、私が社員の協働能力を重視する理由もまさにそこにあるのです。

協働を実践するフレームワーク「参加型ＰＤＣ」

組織内で協働を促進させるための核となるのが、「参加型ＰＤＣ」と「３Ｃ（コミュニケーション、コーディネーション、コワーク）」です。

まずは、協働を実践するためのフレームワークとも言うべき「参加型ＰＤＣ」について解説します。

ＰＤＣは、わざわざ説明するまでもないと思いますが、「計画：Plan」「実行：Do」「評価：Check」の略で、「計画→実行→評価」を繰り返すことで業務の効率化や最適化を行なう代表的なマネジメントサイクルです。一般的には、Ｃ（評価）のあとに「改善・対策実行：Action」を加えて「ＰＤＣＡサイクル」とすることが多いのですが、Ａを加えることで、ＣがＰと直結しているイメージが希薄になってしまうため、当社ではＰＤＣのみとしています。肝心なことは、計画を立てて実行し、その結果をチェックして、次なる計画の立案・実行へとさらにフィードバックしていく、そのサイクルの繰り返しにあるので、Ａは必要なく、ＰＤＣで十分なのです。

企業の活動のほとんどは、このＰＤＣの枠組みを繰り返すことで実践されます。

たとえば、当社では、数年間の事業を展望した中期経営計画（「チャレンジ60」「チャレンジ77」など）をはじめ、各年次の経営計画、各部門の計画、部門計画に基づく実施計画など、事業の階層に応じたさまざまな計画を立てて、企業として付加価値向上を目指していいます。これら各階層の計画の立案や実行も、ＰＤＣサイクルに則って行なっているのです。

ＰＤＣサイクルそのものは特別珍しいものではありませんが、当社の特徴と言っていいのが、ＰＤＣを「参加型」で行なっている点です。参加型とは、端的に言えば「みんなで、チームで」ＰＤＣを行なっていくことで、チームで計画や方針を決め、チームで実行し、チームでチェックをしていきます。

一般的な企業では、チームのメンバーが関与するのはＤ（実行）のみで、Ｐ（計画）やＣ（評価）の決定は、そのチームのリーダー（部署・部門の管理職や経営者）が行ないます。こうした「上意下達型」のＰＤＣは、決定が個人に集約されているので、決定の頻度と迅速さを向上させる面ではメリットがあると言われています。しかし、リーダーが計画し、チームのメンバーはその計画に基づいて実行するだけなので、実行のプロセスにおけるメンバーの主体性はどうしても弱くなります。社員の協働を促進し、一人ひとりの知恵と工夫を引き出すためにはまったく適していないのです。

また、意思決定者であるリーダーが、決定を下すために必要な情報（知識や経験）をすべて把握していれば的確な判断を行なえますが、たいていの場合、個々のメンバーが有する知識と経験の全領域を意思決定者がカバーしていることは稀です。個別の情報を知らないばかりでなく、情報の意義や価値を感知できないことも少なくありません。そうした状況下でリーダー個人が決定を下せば、事実認識のゆがみや偏りから決定の質が低下するリスクが多分にあります。

参加型PDCでは、メンバーの自主的な意見を広く集めて決定を行ない、その実施を協働で推進していきます。

メンバーが熟知している領域はそれぞれ異なり、当人の職務や職責からしか見えない側面もあるので、合理的な決定を下すには職務や職責の違いを超えて広く意見を集めて、それらを「統合」しなければなりません。

統合とは、議論の場で異なる意見が出されたとき、それを高いレベルへとまとめ上げることです。その特徴は、同じく異なる意見が出たときの対応である「抑圧」や「妥協」と比較するとわかりやすいでしょう。

抑圧とは、対立するほかの意見を、有無を言わさずに抑え込むことです。一般的に、上の立場の者が下位の者に対して行ないます。妥協は、それぞれ異なる意見の一部分だけを採用したり、譲り合ったりして、メンバー全員が最低限の納得を得られる内容に落とし込むことです。抑圧は一方の側だけが欲するものを得て、妥協は双方がともに希望どおりのものを得られない結果となります。

対して統合は、双方がともに期待した以上のものが得られるディスカッションの方法です。統合では、A案とB案のいずれかを選択したり、AとBの中間を採ったりせず、Aと

Bを融合させて新たな着想を加えて、両案より優れたC案に達することを目指します。言うなれば、これまでになかった新たな価値を創出することが、統合の目的なのです。

メンバーから出された多様な意見を統合できれば、全体状況を俯瞰したうえでの決定が可能になります。さらに、メンバーが決定のための情報を自ら進んで提案できていれば、それによってメンバーは決定手続きに参加することにもなります。その結果、メンバーには決定に関与している自覚が生まれ、決定を実行しようとする意思が強化されます。

計画や方針の決定のプロセスを「みんなで、チームで」行なうことは、リーダーが単独で行なうよりも、時間はたしかにかかります。そのため、「参加型は効率が悪い」「リーダーが決定をして、メンバーはその指示に従うほうがよい」という意見も根強いです。

しかし、本来的な意味での「迅速な決定」とは、決定行為だけではなく、実行着手までが迅速に行なわれることも含みます。上意下達型の場合、リーダーが決定を下したあと、メンバーの実行意思を高めるためのモチベーションへの配慮（動機づけ）や計画目的・内容の浸透など、決定後に費やされる時間の比重が大きくなります。

一方、参加型の場合、右に述べたようにメンバーは決定に関与している自覚を持ちやすく、決定が下された時点ですでに計画の目的や内容も深く認識し、実行意思も形成されています。計画目的が認識され、実行意思が固ければ、主体的でスムーズな実行が可能となり、その計画の成功率も上がりますし、成果も大きくなります。つまり、実行意思の確立やメンバーの意思統一、計画の成功率まで考えると、参加型のほうがむしろ迅速かつ効果的な方法だと言えるのです。

第2章で、社員の成長を促すには「決定責任の委譲」が重要だという話をしましたが（36ページ参照）、参加型は決定責任の委譲をスムーズに行なうための仕組みでもあります。上意下達型ではリーダーが常に決定責任者を負うことになりますが、参加型では決定プロセスにメンバーも関与しているため、決定責任をリーダーから特定メンバーへ委譲することも容易にできるのです。

計画・実行・評価における参加型の実際

では、ＰＤＣの各プロセスにおいて、参加型がどのように実践され、どんな効果を生んでいるか、具体的に見ていきましょう。

【計画：Plan】

企業では「何をいかになすべきか」の決定がこのうえなく重要です。そのためにはまず、達成目標と方法、手段への構想から始めます。構想が方針や計画の大枠を決めてしまうので、最終的にどのような成果が上がるかも構想次第だと言えます。構想の水準が低ければ、どれだけ具体的な計画が適切に策定され、関係者ががんばっても大きな成果を得ることは困難です。

参加型PDCの〈P〉では、この構想段階において、対処問題への認識を全メンバーが深める「問題意識の深化」を重視します。

問題意識は、言葉で述べると簡単で当たり前のことが多いので、参加者は安易に納得をして、すぐに「何をするのか」という方策の議論に入ろうとします。しかし、問題意識を言葉で理解しているだけでは、メンバー全員で真剣に対応策（＝計画）を策定したり、実行したりする姿勢が弱くなります。「この問題は必ず解決しなければならない」と各人が強く意識できてはじめて、みんなの真剣さが引き出されて、知恵と工夫が生み出されます。

参加メンバー全員に問題解決の重要性が深く認識されるには、「いかになすべきか」という方策に先立ち、「問題の本質は何か」「なぜ、その問題を解決しなければならないのか」など、問題意識を掘り下げる議論を徹底して行なわなければなりません。特に「何のために」という目的意識は重要で、目的を明確にすることは強い実行意思を形成する土台となります。

このように参加メンバーで問題意識を深耕して共有することが、参加型ＰＤＣの第一歩となります。問題意識や目的意識が深く根づいてこそ、メンバー一人ひとりのやる気や意欲が引き出されますし、次の〈Ｄ〉のプロセスにおける主体的な行動に結びつきます。

問題意識が強固に共有され、構想がまとまったら、「いかになすべきか」という方策、つまり方針や計画を具体的に構築していきます。

参加型の〈Ｐ〉では、この方針や計画の決定プロセスにおいて、メンバーに積極的に意見を出してもらい、決定手続きに加わってもらうことが重要です。前項でも述べたように、それぞれ異なる立場・視点からの多様な意見が集まってこそ、それらを統合することによって、より優れたアイデアや方策が生み出されるからです。

ただ、「どんどん意見を言うように」と上から指示するだけでは、なかなか意見は出てこないでしょう。それは一見、参加型の体裁を取っていますが、リーダーがメンバーに指示している時点で上意下達型になっています。メンバーからの自主的かつ積極的な発言を喚起するには、リーダーの振る舞い方が鍵になります。

たとえば、リーダーが早い段階で自分の意見を発言してしまうと、メンバーからの発言は抑制されがちになります。メンバーの発言を促したいのであれば、リーダーは自分の意見を出すことをまずは控えて、先にメンバーの意見を求めるようにします。また、メンバー間にも年齢や職歴の上下があるため、意見の提起は若いメンバーから始めて、次第に年長のメンバーに進むようにしていくのが理想です。余談ですが、戦国時代の軍議でも身分の低い者から順に意見を述べるかたちが取られていたと言われています。

また、チームで議論するには、集まってから「何を話そうか？」などと言っているようでは駄目です。テーマを事前に明らかにして、メールなどで参加者に伝えておくなど、事前の準備が大切です。当社では、リーダーが事前にテーマや論点を記載した「事前議事録」を作成し、参加者は記載されたテーマや論点への意見を事前議事録に記入したうえで会議に臨むというやり方が習慣化しています。

メンバーから多様な意見が出されたら、リーダーは自案も含めて検討し、チームとしての最善の案を捻出します。もし優れた意見が出なかったり、メンバーの意見がまとまらなかったりした場合は、リーダーが方策を提起して決定を下さなければなりません。「何をいかになすべきか」という方針・計画の決定には期限の制約があり、リーダーは期限を強く意識して、的確なタイミングでチームとしての決定を下さなければなりません。リーダーが明確に決定宣言を行なうことも、参加型意思決定の重要な側面になります。

参加型PDCにおけるリーダーシップのあり方は大事なテーマですので、150ページの「水平のリーダーシップ」の項で詳しく述べます。また、メンバーのさまざまな意見を引き出したり、チームとしての方策に統合していくのに不可欠なのが、当社では「3C」と呼んでいるコミュニケーション能力です。3Cについては140ページ以降で詳述します。

【実行：Do】

方針・計画が決まると、チームは実行に取りかかります。〈D〉のプロセスでメンバーに求められるのは、「みんなでするとは、一人でもする」心構えです。

実行における「みんなで、チームで」とは、単にみんなで協力し合うとか、足並みを揃えるという話ではありません。チームの一人ひとりが自ら責任者として達成責任を担い、計画を主体的に推進していくことを意味します。決定内容の実行に一人ひとりが個人責任を負っているという自覚と姿勢がなければ、決定の実行は弱々しくなり、目標を達成することも難しくなってしまいます。各人がその構えと姿勢を持つには、〈P〉の問題意識を深める過程と計画・方針を策定する過程にメンバーが深く関与していることが欠かせません。

また、実行のプロセスに入ると、ともすると目先のことにとらわれてしまい、計画の本来の目的や意義への意識が弱くなってしまうメンバーも出てきます。目指すべき目的や目標がぼやけてしまうと、チームの活力は失われ、チームワークはその拠りどころを失って崩壊しかねません。

そのため、メンバーが進むべき方向を常に意識し、堅持できるよう、リーダーは「何のために」という計画の目的や意義を繰り返しメンバーに語りながら、実行を推進していかなければなりません。目的や意義を常に明確にしておくことは、実行推進の大きな活力となります。

計画を実行する過程では、想定外のことも多々起こり得ます。その想定外の事態を次の〈C〉のプロセスに確実に回して、計画や方針の修正・改善にフィードバックしていくことが、ＰＤＣのサイクルを向上させていくためには欠かせません。その点でも参加型であることが活きてきます。

上意下達型のＰＤＣでは、メンバーは〈Ｐ〉に関与しておらず、〈Ｄ〉は指示された内容をこなすだけになります。もし実行の過程で想定外の事態に遭遇しても「想定外のことが起こってしまい、計画の遂行に支障が生じた」というだけの認識にとどまり、そこから新たな知見や課題を発見したり、計画・方針の修正・改善にフィードバックすることができません。

一方、参加型では、〈P〉のプロセスで問題意識や目的意識をメンバーもしっかりと共有できているため、実行の過程で発生したさまざまな事態に対して、自らの頭で目的に対する必要性や重要性を判断して、計画の修正や改善にフィードバックできます。

上からの指示で、メンバーが言われたことをただ実行しているだけでは、計画は発展しませんし、達成できたとしてもそこそこの成果にとどまるでしょう。しかし、メンバー一人ひとりが達成責任を自覚しながら、主体的に実行することで、計画は発展、進化をし続け、より大きな価値を生み出せるようになっていくのです。

【評価：Check】

〈C〉のプロセスでは、実行過程を二つの側面からチェックします。

ひとつが「計画や方針どおりに確実に実行されているか」ということ。もうひとつが、〈D〉のところで述べた「想定外の事態に対する評価と、計画・方針へのフィードバック」です。特に後者は重要で、新たな事態を踏まえて、計画や方針を適切に修正し、実現性の高い計画へと改めていくのもチェックの役割です。

上意下達型のＰＤＣでは、チェックは主にリーダーの役割となります。しかし、参加型では、メンバー一人ひとりが計画を実行しながらチェックを行ない、フィードバックが行なえます。チームとして複数の目でチェックができるので、計画はＰＤＣのサイクルを繰り返すたびに発展、進化していきます。

チェックのタイミングは、計画の一環として最初から定めておきます。一般的には、計画達成期間の三分の一ほどの期間ごとに設定しておくのが適切とされて、年間計画ならば四か月ごとか四半期ごとに、月間計画ならば一〇日ごとか、週ごとに進行状況をチェックして、計画の見直しを図ります。

当社では、参加型〈Ｃ〉の実践の一環として、メンバーの中の若手社員にスケジュールチェッカー役を担ってもらっています。

スケジュールチェッカーの役割は、スケジュールやチェックのタイミングをメンバーに事務的に伝達することです。スケジュールに従って計画を実施すること、つまりスケジュール管理はリーダーの役割ですが、メンバーへのスケジュールの確認・伝達までリーダーが担っているケースがあります。これではリーダーの時間と関心を非効率に消費するばかりか、スケジュールへのメンバーの関心が薄くなります。

チーム内の最も若いメンバーがPDCの進行表を作成し、スケジュールやチェックのアナウンスを行なえば、リーダーと若手の上下双方からスケジュールへの関心がチームに加圧されて、PDC実行への集中力がチーム全体として高まります。さらにチェッカー役を担う若手メンバーは、チーム課題の全容を常に意識するようになります。若手の能力を高めるには、若いうちから部署や部門の課題の全体を俯瞰することが極めて重要ですが、チェッカー役を担うことでおのずと全体認識が喚起されて成長に有効に作用するのです。

個の成長は、チームによって促進される

「みんなで、チームで」する活動は、各部門・部署でのPDCサイクルの実施にとどまらず、社員の成長（能力開発）や管理業務の領域でも行なわれています。

たとえば、第2章で述べた「昇格チャレンジ制度」。この制度は個人を対象にした制度なので、もともとはチャレンジの申請は随時受けつけ、自己研鑽書を作成するための人材部長（社長）や上長との面談はチャレンジャーごとに個別に実施していました。それを現

在では、申請を四半期ごとの年四回に集約し、面談は複数のチャレンジャーと複数の上長が同時に参加し、参加メンバーが全員でチャレンジャーの自己研鑽書の内容を共有して論議する方法に変更しています。

その結果、チャレンジャー本人は個人面談以上の自覚が得られ、目標達成意識が高まる一方で、ほかのチャレンジャーや上長も昇格に伴って改めるべき態度や行動、他部署との交流のあり方、上長としての指導姿勢などの認識を深めることができるようになりました。

また、自己研鑽書確定後には、チャレンジャーが部署内のほかのメンバーに自分の行動改善課題を宣言し、メンバーの評価や批判を受けながら行動改善を行なっていく方法も取られています。この方法は、製造部門のある職場で自発的に行なわれていたことだったのですが、成長を促進させる極めて合理的な手法だったため、徐々にほかの部署・部門にも浸透させて、現在では多くの部署で積極的に行なわれています。

このように、もともと個人の成長や能力開発を目的としていた昇格チャレンジ制度に、「みんなで」という協働の要素を加えることで、当人もまわりのメンバーも職務能力の改善が大きく進み、一人のチャレンジが、チーム全体の成長にも結びつくようになってきています。

「社内資格制度」の合否判定を、該当資格の上級資格保有者と人材部員で構成された審査委員会で行なっているのも、協働による効果を目論んでのことです。

審査委員がチームで審査することは、審査の公平性が確保できるだけではなく、委員自身の資格内容への理解が深まると同時に、他者を裁定することで責任意識も深めることができます。他者への責任意識の深化は、職務責任に対する深化にもつながり、職務能力の成長への主体性も高まります。審査委員会制度を導入したことで、社内資格制度は人材マネジメントの制度としてより高度になったと思います。

さらに、社員の経営管理能力の向上のために「チームによる管理」にも取り組んでいます。

チームによる管理とは、ひとつの部署や部門を複数のマネージャーやリーダーが指導・管理する体制です。方法としては、管理職務を順次交替して複数で担うケースと、管理職務を分割して複数で担うケースの二パターンがあります。

たとえば、製造部門の各工場では、昇格チャレンジ制度によって班長心得（班長と同等の職務を果たせる能力を持つと認定された班員）の数が、班長のポスト数（一工場につき、三班長）を上回っているため、班長の一年交替制を採用しています。班長心得の数が六名未満の工場では、班長心得にチャレンジするレベルの一般社員を班長代行に抜擢し、班長職を担ってもらっています。さらに、すべての工場で副班長制度を設けて、入社三年ほどの若手社員を各班二名ずつ副班長に任命しています。各工場は三班三直交代制で、各班には五〜七名の班員がいますが、そのほぼ半数が半年から一年任期で副班長や班長を交替で担う体制となっているのです。

事務や営業部門では、管理職責を果たせる社員数がポスト数を上回っていないため、代行制を採ることでチームによる管理を行なっています。

たとえば、営業所・課では、係長級の職責者が「所長代行」「課長代行」として、所・課長の代行職を交替で務めます。所・課長とその代行職の社員は、事務との連携、営業担当者への指導、社内外への対応などの管理職務を分担して行ないます。

このとき、単なる縦割りで分担するのではなく、管理に当たる全員が自分の担当のみならず、ほかの管理者の分担まで含めて、すべての管理職務の内容や進捗状況を熟知していることが「チームによる管理」のポイントとなります。自分の担当以外のことについて聞かれたとき、縦割りであれば「担当ではないから把握していない」といった発言も許されるかもしれませんが、チームによる管理ではNGです。担当外でも計画や方針、実施状況、重要な問題などを把握しておかなければなりません。

責任を担える力量は、実際に責任を負うことでしか身につきません。下位の職責の社員に代行というかたちで上位の管理職務を担ってもらうことで、管理経験を積ませることができ、上位の職責能力や管理能力を育成することができます。なお、代行職を務める場合は、当人の管理職責手当に、上の職位の代行手当が上乗せされます。

交替制や代行制によるチームによる管理は、社員一人ひとりの管理能力の向上につながるとともに、それぞれの部署・部門のメンバーがチーム意識、連帯感を強く持ってチーム力を発揮する土台ともなっています。

成長は、一人だけで努力をするよりも、参加型としてチームで取り組んだほうがはるかに大きな効果を生むのです。

協働の要となる三つの「C」

協働には、メンバー同士のコミュニケーションが不可欠です。複数の社員が単に集まって話し合ったり、一緒に職務を行なったりしているだけでは、そこに協働の効果は生まれません。メンバー間でより質の高いコミュニケーションが行なわれてこそ、互いの力を引き出し合い、チームとしての付加価値生産力を高めることもできます。

一般にコミュニケーションとは「伝達：伝えること」とされていますが、「伝達」は狭義のコミュニケーションだと言えます。会社内におけるコミュニケーションの基本としてよく語られる「ホウレンソウ（報告・連絡・相談）」も伝達ですので、やはり狭義のコミュニケーションの範疇です。

広義のコミュニケーションとは、ある目的に向かって人々がともに働く、すなわち協働のために欠かせない、メンバー間の「相互交信」のことを指します。

広義のコミュニケーションの水準は、三つの「C」のレベルで決まります。三つのCとは、「コミュニケーション（communication）」「コーディネーション（coordination）」「コワーク（cowork）」であり、頭文字から「3C」という造語を当社では使っています。

3Cのコミュニケーションは、狭義のコミュニケーションのことで、「ホウレンソウ」に相当します。コーディネーションは、メンバーが対等な立場に立って互いの相違を調整し、統合に導くディスカッションのことで、後述するように3Cの核心となります。コワークとは文字どおり、協働を意味しますが、ここでの協働とは単にともに働く状況を指すのではなく、成果に向かってメンバーが喜怒哀楽をともにして働く状況、つまりメンバーが精神的な一体感を持って働くことを指します。目的を達成できたらともに喜び合い、達成できなければともに悔しがる。メンバー同士で感情を共有してこそ、チームには連帯感が生まれ、互いに力を引き出し合う協働関係も強化されます。

コミュニケーションは、コーディネーションとコワークが成立する大前提となりますが、「ホウレンソウ」の行動習慣は組織規律の徹底、他律的な訓練からでも形成できるため、的確なコミュニケーションを行なうことはそれほど難しくはありません。

協働の要となり、かつ習熟が難しいのが、コーディネーションです。コーディネーションは、メンバー間で着想のキャッチボールを行ないながら、アイデアを次第に洗練、強化し、最終的に統合することで、新たな策をチームとして〝発明〟する創造的なプロセスです。よりよいコーディネーションを実現するには、単なる報告や相談とは異なり、個々のメンバーの適切な心の構えや対人姿勢が必要で、それらは主体的で自律的な訓練の継続によって形成される心と行動の習慣なのです。

「三人寄れば文殊の知恵」と、よく言われます。一人ではよい知恵が浮かばなくても、三人集まって相談すれば、すばらしい知恵が出てくる、という意味のことわざです。複数の人が集まって意見を交わすとき、各々の意見を調整し、統合すること、すなわち的確なコーディネーションを行なってこそ、個々の考えは文殊の知恵へと昇華して、チームが一体となるコワークが生み出されます。

協働の要は3C、特にコーディネーションにあり、メンバーがその力量を獲得することがチーム内で協働が促進される鍵となります。

創造的コーディネーションの実践

ここでは、よりよいコーディネーションを行なうためのポイントについて解説します。

【ちゃんと顔を合わせる】

最も基本的なことは、関係者が顔を合わせて直接話し合うことです。

昨今は、多様な社内コミュニケーションツールがあるので、デジタルデバイスを介してのディスカッションや意見交換を採用している企業も多いと思います。たしかに、複数の社員が予定を合わせて一堂に会することはそれなりに労力がかかるので、コミュニケーシヨンツールでのやりとりは便利で効率的ではあります。

しかし、多様な意見を統合するには、メンバーが顔を合わせて話し合うことが欠かせません。統合は、単なる知識や情報の共有からは生まれず、人々の知的で感性的な交流から創発されます。すべての関係者が集うことで、問題解決に向けたそれぞれの立場・視点からの意見を集めることができます。顔と顔を合わせたディスカッションを通じて、多様な意見を出し合い、鳥瞰的な視点で相互に結びつけていくことで統合は進んでいくのです。


【創造的な場の雰囲気の醸成】


ディスカッションに参加するメンバーそれぞれが、自由闊達に意見交換できる創造的な場の雰囲気をつくろうと振る舞うこともコーディネーションには欠かせません。

自分と他者を分け隔てる優越感や劣等感などのこだわりから脱して、自分も自由に発言する一方で、他者の発言も促していく。一人ひとりの振る舞い方が場の雰囲気をよくもすれば悪くもするので、全員が「創造的な場をつくろう」「他者はどうあれ、自分自身の振る舞いによって場の雰囲気をよくしよう」と決意して行動することが大切です。

自由に意見交換ができるグループ論議の雰囲気こそ、優れた発見の土台となるのです。

【アイデアキラーにならない】

場の雰囲気には、特に職位が高い人の振る舞いが大きく影響します。たとえば、出されたアイデアの否定的な面ばかりを直ちに指摘するとか、アイデアに好奇心を持たずに冷ややかに応対したりすれば、下の立場の人たちは何も発言できなくなります。こうした振る舞いをする人はアイデアキラーと呼ばれ、アイデアの息の根を止めてしまいます。

アイデアは、最初から完成度が高いかたちでは出てきません。意見のキャッチボールを行なう中でアイデアは磨かれていくので、意見交換の過程に活気があれば、完成度も徐々に上がっていきます。楽しい雰囲気は頭の働きを活性化させます。自由で活発な意見交換がなされるよう、特に上の立場の人たちは笑いやユーモアを交えながら楽しい雰囲気をつくっていくことを心がけなければいけません。

【率直な意見を述べる】

メンバーは、それぞれの立場・視点から率直な意見を述べるようにしましょう。遠慮する必要はありません。ただ、この「率直」が一筋縄ではいかないこともあります。職位の高い人や年長者が率直に言い過ぎると、ときに下の立場の人の発言を抑えつけたり、アイデアキラーになったりすることもあるので、場の雰囲気やメンバーの様子を見ながら自分の意見を発していく必要があります。

下の立場の人の場合は、「自分はまだ経験や能力が足りないから」「こんなことを言ったら、まわりの人に笑われるんじゃないか」という思いから、率直に意見を言わないことがあります。

議論の場にそんな若手がいたとき、私がいつも言うのは「あなたに正解を求めているわけではない」「だから、考えていること、思ったことを率直に話してほしい」ということです。問題に対するその時点での最適解は、チームとして議論する過程で見出せればいいのです。若手には若手の視点や意見があり、それはチームとして最適解を模索するうえで重要な部分となります。また、議論を重ねる中で若手の考えに対して、ほかのメンバーから意見が出されれば、それは若手自身の気づきや成長にもつながります。

【「誰が」ではなく、「何が」にフォーカスする】

出された意見に対しては、「誰が言ったか」ではなく、「何が言われているか」にフォーカスします。

議論の場では、人は「誰が言ったか」を強く意識する傾向があります。たとえば、社内会議である発言をした人が「これは、社長が言ったことだから」「社長もそう言っていた」と言い添えることがあります。「社長が言ったことだ」「社長も同じ意見だ」と言われれば、まわりは反対や批判をしづらくなります。発言した当人も、そうした効果を狙って、自分の意見を補強するために社長である私の存在を利用しているのです。

しかし、私の意見が組織にとっての最適解では必ずしもありませんし、そもそも発言者との関係を重視するようであれば、率直な議論はとても成り立ちません。職歴や年齢、性別、職責などを超えて、メンバー自身がメンバー全員を対等に扱う。「誰が」ではなく、「何が」という内容を素直に受け止めて、内容の合理性のみをバイアスをかけずに判断する姿勢が大切です。

【対応のルール化】

コーディネーションを成功に導くには、各々が対人対応に気を配ることも必要です。たとえば、以下のような注意点が挙げられます。

・相手への言葉遣いは丁寧に、言葉選びは慎重に行なう
・相手の考えの弱点を、強い口調で指摘しない
・自分の考えや予断に固執せず、何が語られているかを真摯に受け止める

・相手の考えをやみくもに否定・批判せずに、建設的な面を伸ばす方向で発言する
・何をなすかの具体的な論議に集中し、行動の具体的な道筋を明らかにする

対人対応のあり方を錬磨するには、組織としてルール化しておくことが有効です。たとえば、望ましくない対人対応をあらかじめ相互に確認しておき、それが発生したらその場でほかの誰かが指摘することをルールとして決めておく。人に注意する行為はする側・される側ともに大きな心理的負担を生むためハードルが高くなり、つい躊躇しがちです。また、ひとたび注意すると必要以上に厳しく、ときに感情的になったりもします。それでは有効な注意にならないばかりか、むしろ自由な意見交換の雰囲気が損なわれるなど、マイナスの結果を生みかねません。

相互に承認したルールが存在すれば、適切な注意が率直に行なわれやすくなり、注意する側・される側双方の心の負担が軽くなり、された側の行動改善もスムーズに行なわれます。注意する行為をルール化しておくことは単純ですが、効果が大きい優れた方法です。

【相違点をさらけ出す】

率直な意見交換ができれば、おのずと「互いの相違点をさらけ出す」こともできます。相違は、ものの見方や考え方の差異から生まれるので、視点を変えれば、相違点の存在

とは多様な見解が存在する証拠であり、統合によって優れたアイデアを生み出す源泉となります。意見の違いがあることは、歓迎すべき状況なのです。

意見の相違がメンバー間の対立を生み、争いにまで発展してしまうケースもあります。それゆえ、発言を控えたり、相手の意見に合わせたりする人もいますが、それではメンバーの協働が機能せず、往々にして凡庸なアイデアしか生まれません。そもそも対立や争いは、相違そのものから起こるのではなく、相違を受け取る人々の心の構え——対人意識における心の習慣によって生じます。たとえば、他者との比較で自己を評価する習慣や、優越感や劣等感の感情、勝ち負けへの強いこだわり、などです。そうした心の習慣がコーディネーションの障害となります。

同じ問題や課題を目の前にしていても、立場や経験から状況判断や対応策が違ってくるのは当たり前です。メンバーそれぞれの相違点は、状況認識と対応策の多面的な可能性を示しており、実り豊かな統合へとつなげるため、でき得る限りさらけ出すべきなのです。

【相違を通して、何をなすべきかを考える】

相違する意見が出されたとき、是非の論議に焦点が当たってしまうと対立感情が煽られて、相互理解が進みません。

大事なことは、それぞれのメンバーが意見とともに、「なぜ、自分はそう考えるのか」という根拠を明確にすることです。

相違の根拠が筋道を立てて説明されて論議されれば、相違を通して状況判断や対応策への認識が深く共有されて、統合への道が開けてきます。こうした相違を巡る理性的な論議は、「何をいかになすべきか」を次第に浮かび上がらせてくれます。

個人では経験や思考に限界があるうえに、思い込みなどが作用するため、往々にしてその見解は一面的です。一面的な認識から導かれる行動は、当然ながら一面的になり、成功する可能性は低いと言えます。そうした認知能力の個人的な限界を乗り越えるために、メンバーがそれぞれの意見を出し合って、状況を分析、検討していく。相違を通じたディスカッションによって、何をなすことが価値創生に最も効果があるかを導いていくのです。

水平のリーダーシップ

3C、特にコーディネーションの能力は、すべての社員が高いレベルで身につけていることが理想ですが、とりわけ職責を与えられたリーダー的立場にある社員や経営者にとっては不可欠な能力です。

世の中でリーダーシップが語られるとき、そのほとんどは上下の関係からリーダーシップを捉えています。つまり、上の者が下の者をどのように動かすか、という視点です。しかし、当社のように社員の協働を重視し、「みんなで、チームで」という参加型で事業や業務の計画を決定し、実行していく場合、従来型の「上下のリーダーシップ」では大きな成果を生むことはできません。

個々の社員が持つ異なる意見、異なる知識や経験を統合し、企業の付加価値生産力を向上させる新たなアイデアを生み出そうとするなら、それに相応しいリーダーシップが必要とされます。それが「水平のリーダーシップ」です。

価値創生を目指す企業におけるリーダーシップは、三つの役割から考える必要があります。

第一は「発言者」としての役割です。コーディネーションとは「メンバーが対等な立場に立って互いの相違を調整し、統合に導くこと」です。つまり、議論の場での発言においては、職位や職責、職歴、年齢などは一切関係なく、全員が対等に扱われます。言うなれば、「リーダーにも発言権がある」ということです。

たとえば、会議で私が発言をすると、ほかの社員は「社長が言ったことだから」と特別視をしがちなのですが、それは間違っていると社員たちにははっきりと伝えています。私の意見は、先輩技術者としての意見、各部門の職務を鳥瞰する立場からの意見、人生経験者としての意見であり、そうした意見を述べるのは私がその立場にあるからに過ぎません。それが決定事項であるわけでもないし、ほかの社員の意見より必ずしも優れているわけでもありません。多様な意見の統合によって最適解を導き出すための、ひとつの意見として述べているだけです。

どんな物事にも、上の立場からでしか見ることや感じ取ることができない側面があり、そうした視点からの意見を欠くと、物事を全体的に見て計画や方針を決めることが難しくなります。リーダーは当該の論点に関して、上長や職責者の立場から見た見解を意見として（決定としてではなく）必ず表明しなければなりません。ただし、早い段階でリーダーが自分の意見を発言すると、ほかのメンバーが意見を言いづらくなったり、リーダーの意見に追随する雰囲気ができてしまうおそれがあるため、発言のタイミングなどには配慮する必要があります。

第二の役割は「決定者」です。

議論を重ねていくと、やがて意見は収束してメンバー間での合意が形成されます。このとき、メンバーの合意だけで計画や方針が決定されたとすることは、組織の規律を曖昧にします。さまざまな意見が論議された末に統合されて、メンバー間で合意されたら、リーダーはそれをチームの決定として宣言しなければなりません。リーダーが決定宣言を下してはじめて、メンバー間での合意は正規の組織決定となり、決定責任をリーダーが負うことになります。

リーダーが第一と第二の役割を厳格に区別し、ほかのメンバーにもそのことをしっかりと認識させることは、参加型の長所を生かすためには極めて重要なポイントとなります。私自身、自分の発言が社長としての決定宣言であるときには、その旨を明言してから発言することを心がけています。結果、私の発言の内容と性格が「自由闊達な意見」と「決定の伝達」とに明確に区分され、発言の受け取られ方にメリハリがつき、決定宣言についてはその重みを社員も深く受け止めるようになりました。

そして、第三の役割が「率先垂範者」としての役割です。

たとえば、コーディネーションにおいて創造的な雰囲気が欠かせないことは先述しましたが、リーダー自らがそうした雰囲気を率先してつくることで、まわりのメンバーもそうした雰囲気をつくり出し、社内のいたるところで活発な意見交換が行なわれるようになります。

メンバーがどれだけ問題意識を深化し、目的意識を堅持できるか。それを促すのもリーダーの役割であり、そのためにリーダーは組織のビジョンや価値観、問題の重要性や計画の意義を、メンバーに対して日常的に語り、浸透させていかなければなりません。

職務に取り組む姿勢や人との接し方など、模範を示す場面は日ごろの行動や態度全般に及びます。次項以降で述べる組織文化を体現し、垂範する役割だと言っても過言ではありません。

以上の三つの役割を備えたリーダーシップのあり方を、私は上下のリーダーシップに対して、「水平のリーダーシップ」と呼んでいます。

リーダーはチームを導いていく立場ですが、リーダー自身もチームの一員であり、チームによって導かれていく面もあります。それは、たとえるなら「羊飼い」のような存在です。

羊飼いは、先頭に立って群れをリードすることもありますが、群れのうしろに添い従いながら群れの動きを俯瞰したり、群れの脇を一緒になって進んでいくこともあります。ときには、群れから遅れそうな子羊を抱きかかえて歩いたりもします。常に全体に気を配りながら、緩やかに群れをひとつにまとめて、進むべき方向に進み、休むべきところで休む。羊飼いは群れとともにありながら、群れが正しい方向を堅持し、かつ集団としてのまとまりを維持して、目的地に達するように、いろいろなやり方をしなやかに使い分けて導いていきます。

そうした水平のリーダーシップを発揮できるリーダーこそが、社員の力を引き出し、企業の価値創生力の向上に貢献できるのです。

社員の行動を方向づける「組織文化」

参加型の経営管理や高度な3Cを営むためには、それに相応しい組織体制やルールを持たなければなりませんが、特に重要なのは「組織文化」です。

組織文化とは、その組織の行動のあり方を方向づける、言わば「組織行動の基盤」とも言えるものであり、組織のメンバーが共有する価値観や美意識によって形成されています。価値観とは「何が重要で、何が瑣末なことか」、美意識とは「何が美しく、何が醜いことか」への感覚や判断基準であり、それらが心に定着し、行動習慣を生みます。つまり、メンバーに共通する習慣化された行動や態度が組織文化の中身なのです。

組織文化は、企業に限らず、すべての組織が有している属性のひとつですが、その内実は組織によって千差万別です。また、組織のメンバーは知らず知らずのうちに組織文化に影響を受け、それに沿うように考え方や行動パターンが変容していきます。

企業における組織文化はこうあるべきだ、という絶対的な理想像はありません。それぞれの企業が目指す目的はさまざまであり、目的によって組織文化のあるべき姿も千差万別だからです。ですから、「望ましい組織文化」のあり方を定義するのであれば、「その企業組織の目的を達成するために効果的に作用すること」と言えるのではないでしょうか。

経営者は、組織文化が目的の達成に向けて効果的に作用するように、発展、進化させていかなければなりません。

組織文化を望ましい方向に変革していくには、まず何よりも「現状で自分たちはどんな組織文化を持っているのか」について、社員たちに自覚してもらわなければ始まりません。そのためには、自分たちの日ごろの行動習慣を振り返ったり、「どんなことに価値を置いているか」という自分たちの価値観を掘り下げていく必要があります。
自分たちの現状の価値観や行動習慣を自覚できたなら、次にそれらを望ましい方向へと変えていきます。

組織文化は組織行動のあり方を方向づける機能がある一方で、組織が一貫した方向に進んでいき、その過程でメンバーが鍛錬を続けて考え方や行動習慣を変えることができれば、組織文化も深化します。組織文化と個々のメンバーの行動習慣や態度は双方向の関係性があり、相互に影響し合っています。組織内の個々人の行動習慣や価値観が統合されることで組織文化が形成され、その形成された組織文化が個人の行動や考え方にさらに影響を与えていくのです。

当社ではこれまで、企業として目指すべき方向や重視する価値観、一人ひとりの社員に求める行動や態度を、経営理念や行動規範、各種社内テキストなどを通じて一貫して伝え続けてきました。さらに、そうした理念や規範が机上の空論にならないよう、具体的な経営のあり方として実践もしてきました。

よりよい組織文化を形成し、それを組織内に浸透、定着させるには、少なくとも一〇年は一貫した経営努力が必要となります。

当社でも、二〇年ほど前に五か条の経営理念（次項参照）を策定し、その理念に基づいて人材マネジメントの制度や処遇・給与体系を整備してきました。それは理念に掲げた理想の企業像に近づいていくとともに、クリロンという会社にとって望ましい組織文化――たとえば、「フロンティア精神やチャレンジ精神を持って事業を推進すること」「一貫した成長志向を持つこと」「仕事を通した、職務能力と人格面での成長を目指すこと」など――を形成し、定着させるためでもありました。そうした組織文化は、二〇年前に比べればかなり浸透してきたとは思いますが、まだまだ行き届いていないところ、改善すべきところは多いのです。

組織文化が形成され、それがひとたび定着をすれば、人に対する振る舞い方や職務に対する取り組み方など社員の行動習慣は無意識に同調し、組織としてのまとまりや一体感はより強固になります。協働も促進されて、一人ひとりの成長は進み、企業としての価値創生力も高まります。

たしかに時間はかかるし、手間もかかります。それでも、企業が組織目的を達成するためには、自分たちにとって望ましい組織文化の形成は避けては通れない道なのです。

企業の目的と価値観を共有する「経営理念」

望ましい組織文化をつくっていくには、まず何よりも経営者が企業の目的を明らかにして、全社員と共有しなければなりません。

目的の基本に据えられるのは、「どのような企業を目指し、何を達成したいのか」「自分たちの会社は何に価値を置き、何を追求するのか」という目指すべき企業像の根本的な考え方です。その企業像の実現に向かって一貫して進み続けることが、経営や事業推進の基本になります。

目的達成に向けた継続的な行動は、やがて社員の価値観や行動習慣をかたちづくり、組織文化を形成します。つまり、組織文化に基づく企業の個性とは、企業が掲げた目的に根ざしているのです。

多くの企業は、自分たちが目指すべき企業像を「経営理念」の中で謳っています。企業活動において経営理念が重視されるのは、それが企業の目的、目指すべき姿を表現しているからです。

当社の目的、目指す企業像も、次の五か条の経営理念にまとめています。

（1）知恵と工夫から価値を創生する企業
（2）複合フィルムの可能性を切り開く企業
（3）協働を通して、社員の職能と人格が共に秀でていく企業
（4）心の豊かさが、モノの豊かさをも生み出していく企業
（5）製品、サービス、企業文化で、社会に貢献する企業

ここまで本書を読んできた方であれば、私が述べてきた内容と右の五つの理念が一致していることにお気づきになるはずです。

第1条は、これからの時代に目指すべき企業の姿を示しています。時代は「価格競争」から「価値競争」へと移行していくはずです。企業が存続するには、どれだけの価値を社会にもたらせるかが決め手となり、そのためには社員が力を合わせ知恵と工夫を凝らし、新たな価値を生み出していく必要があります。

第2条は、当社の事業について述べています。「共押出しフィルム」ではなく、「複合フィルム」としているのは、現在の事業の軸はたしかに共押出しフィルムですが、視野はあ

くまでも複合フィルム全体の可能性を追求することに置いているからです。

第5条は、社会との関わり方を示しています。企業は社会に貢献することに存在意義があります。一般的に企業は製品やサービスを提供することで社会に貢献をしますが、当社は経営の柱である人材経営やこの経営理念のような企業の価値観といった企業文化を伝えることでも社会に貢献しようと考えています。

以上の三か条は主に企業としてのあり方を表現しています。一方、第3条と第4条は、社員自身のあり方に照準を合わせており、経営理念の核心とも言える項目です。

第3条は、社員たちがともに働くことで、職務能力を高めると同時に人格も磨いていくことを述べています。人格に秀でるとは、仕事に直接関係なくても、当人の人柄や振る舞いが優れていることを意味します。人は、その人格を協働によって高めることができます。たとえば、他者への対応姿勢や人間への理解、物事への想像力や決断力などです。これらは仕事において必要なだけではなく、仕事以外でも高い価値を持つ人格的な力量です。日々の職務の遂行を通して、仕事のみならず、「人としてできた人」にもなる。そうした社員が協働している企業こそが、これからの時代の先進的な企業だと考えます。

第4条は、金銭面と精神面の両面で社員が満たされる働き方を目指すことを意味しています。実はこの条項は、経営理念をつくった当初は「心とモノの両面で、社員が豊かになっていく」としていました。しかし、心の豊かさ（自分の能力を発揮したり、成長を実感すること。他者に認められること。社会に貢献すること）を追求することで金銭的な豊かさも得られますが、逆に金銭的な豊かさの追求からは心が貧しくなりがちであることを考慮して、現在の文言に変更しました。両方をともに目指すという当たり障りがない姿勢では、両方とも得られずに終わってしまう可能性もあります。そのため、どちらか一方を至上目的として一貫して追求し、他方がそれに随伴して得られるという文言のほうが相応しいだろうと考え、第一に心の豊かさを目指し、その結果モノの豊かさをも生み出していく、としたのです。

第2章で紹介した昇格チャレンジ制度や産休・育休制度などの人材マネジメントの諸制度も、第3章で紹介した処遇と給与の体系も、本章で紹介した参加型ＰＤＣや３Ｃも、当社の制度や規程、社内ルールのすべては、この五か条の経営理念に基づいてつくり出され、長い年月をかけて次第に整えてきたものです。

二〇年ほど前、当社の経営理念を定めるに際して、創業以来一貫して目指してきて、これからも目指していく企業像は何なのかを考えました。さらに、その企業像が、時代のときどきの流行ではなく、底流に乗っているか、すなわち時代を超える普遍的な価値を有しているかを徹底して考えました。底流に反していれば、一貫した努力も長期的には徒労に帰し、理念も盲信に過ぎないことになってしまうからです。

また、こうした経営理念が描く企業像は「実現しきる」ことはありません。経営理念とは、目指すべき方向に向かって一歩一歩進み続けていくための「羅針盤」であり、「志」だからです。

羅針盤があればこそ、船は大海原を目指すべき方向に向かって進んでいけます。同じように企業やそこで働く社員たちも、経営理念があるからこそ、「自分たちはこうありたい」という理想の企業像に向かって力を尽くして邁進することができるのです。

価値観を統合することの是非

前項で、企業の目的（＝経営理念）とは「会社が何に価値を置き、何を追求するか」の根本的な考え方の表明だと述べました。つまり、目的を共有することとは、社員の価値観を統合することを意味します。

価値観はさまざまな領域にわたりますが、企業活動に関係するのは、仕事、金銭、人間に対する価値観です。協働を有効に営み、企業をひとつにまとめるには、もともとは一人ひとり異なっている価値観を統合することが欠かせません。

しかし、実を言うと私は、「価値観を統合することは、はたして正しいことなのだろうか」と躊躇する思いを抱いていました。人には、思想信条の自由があります。どんな考え方や価値観を持つのかは人それぞれの自由です。にもかかわらず、企業が経営理念を通じて「社員であれば、こうした考え方を持ちなさい」と主張するのは、思想信条の自由に反するのではないか。そんな疑問があったのです。

この問題は、社会的存在としての企業のあり方の根本に関わります。もし価値観の統合が社員の思想信条の自由を侵すのであれば、それを無理やりに行なうことは反社会的な行為だと言えます。社会のルールに反することは、企業としては絶対に行なえません。そこで価値観の統合の是非については、時間をかけて考察しました。

もし国家が国民の思想信条の自由を奪い、特定の価値観を押しつけてくるようなことがあれば、それはまさしく基本的人権の侵害となります。国家は国民の思想信条の自由を保障し、その下で各個人は自身の信念、価値観、考え方に応じて自由に活動し、個性を発揮する。それが多様性をもたらし、国家全体を精神的にも物質的にも豊かにしていきます。

これが国家と国民との関係のあるべき姿です。

では、企業と社員はどうか。企業は、国家的な存在ではありません。法人として、むしろ国民的な存在です。さまざまな企業が多様な個性を発揮すれば、経済活動のみならず、社会全体が多様で豊かになります。つまり企業は、思想信条の自由を持つ国民的な存在として活動したほうが、社会に対しては有益な存在となり得るのです。

また、企業がその価値観を表明することと、個人の思想信条の自由を守ることは、両立し得ると考えました。就職しようとする人は、企業が明示する価値観と自らの価値観を照らし合わせ、社員となるか否かを選択できます。もしその企業が掲げる仕事、金銭、人間に対する価値観が自分と合わないと感じるのであれば、その企業に入らなければいい。職業選択の自由によって、思想信条の自由も守られるのです。

以上のように考えていくと、企業がその価値観を明確に表明し、統合していくことは「是」であり、さらに言えばより強固に推進していくべきだという結論に至りました。

企業が価値観を明確に示していれば、就職する人は自分の価値観に合った企業を選択しやすくなります。企業側としても、自社の価値観にすでに共感してくれている人が社員となることで、入社後の統合もスムーズに進みます。価値観の統合が行なわれれば、企業としての個性はより伸長し、社会に対する貢献度も上がります。

価値観の部分で水と油のように混じり合うことがないなら、企業と社員は深い次元において調和することができず、相互に望ましい結果とはなりません。価値観の統合は、企業活動を営むうえで必須のことであり、社員、企業、社会それぞれに恩恵をもたらしてくれるのです。

自律に基づく規律

当社はこれまで、社員の自主性・自律性を重視してきました。社員一人ひとりが主体的に考えて行動することこそが、企業の価値創生力の向上や社員の成長につながると考えているためです。

昇格チャレンジ制度も、社内資格制度も、時間単位の有給休暇や在宅勤務といった産休・育休制度も、その根底には社員の自主性や自律性の尊重があります。超過勤務の発生理由の区分に至っては、本人の判断に完全に委ねており、上長も会社も本人の判断をそのまま承認する方式を採っています。

自主性や自律性の面は、さまざまな制度や社内の雰囲気のおかげもあって、社員の間にもだいぶ浸透をしています。

その一方で、社会一般の企業が当たり前に持っており、クリロンとしても備えておきたい、ある要素についてはまだまだ弱いと感じています。それは、組織としての規律です。

組織が統一的に機能するには、個々のメンバーが相互に調和して行動しなければなりません。それは人が歩いたり、走ったりするとき、手や足がバラバラに動いていては駄目で、身体のすべての要素が歩くこと、走ることに向かって調和して動かなければならないのと同じことです。

組織の各メンバーや各部門・部署が整合的に動くには、企業の目的・価値観の共有や組織文化の定着も有効ですが、規律も欠かせません。規律は、組織が組織たり得る基本要件であり、いかなる組織でも組織規律を確保する枠組みが体制やルールとして定められています。

規律を欠いた組織は軟弱です。社員の自由さや自主性の尊重が放任と同じになってしまい、組織は弱体化してしまいます。経営管理上、規律を鍛えることは極めて重要です。

ただ、規律を強くし過ぎてしまうと、社員の自主性や自律性が損なわれてしまう可能性もあるため、注意が必要です。また、組織規律は、規則やルールによるメンバーへの他律的な規制だと一般には考えられています。しかし、他律的な強制で守らせる規律は不安定です。規律がある間は、メンバーは定められた行動を取るかもしれませんが、規律がなくなった途端にタガが外れて各自がバラバラになり、組織は空中分解してしまいます。

安定的に、すなわち放っておいても有効に機能する規律は、上意下達的に上から指示や管理をして守らせる規則ではなく、メンバーが自主的に守る行動に支えられなければなりません。では、どのようにすれば、企業において組織規律が自然に維持される状況をつくることができるのか。それは、組織規律が働く人々の深い納得に支えられて、はじめて実現できます。

そのような状況を、私は「自律に基づく規律」と呼んでいます。

自律に基づく規律を備えた組織では、規律に適った組織人、企業人としての行動が、人からの指示や強制によって行なわれるのではなく、メンバー各人の自律的で主体的な振舞いから生じます。規律という用語自体が他律的で強制的なニュアンスを持っているため、「自律に基づく規律」という表現に違和感を持つ方もいるかもしれません。けれども、ここまで述べてきたように当社における価値の創生は、個人活動としてではなく、組織活動として営まれているため、「メンバーの主体性の尊重」と「組織機能の統一性」が両立する行動こそが決定的に重要となります。

自律に基づく規律をつくり上げるポイントは、自律した社員が規律を自覚することです。つまり、社員の自主性・自律性の確立が先決であり、その土台があってこそ成り立ちます。逆に、規律からスタートしている組織は、社員の自律性を育てるのは困難です。

先述したように、当社は自主性・自律性に関しては浸透・定着しつつあります。次は、規律の重要性・必要性を社員たちに繰り返し伝え、肚落ちをさせることで、自律に基づく規律を組織文化として定着させ、組織としての一体感やまとまりをより強固なものにしていきたいと考えています。

職務を通じた鍛錬で行動習慣を変革する

組織文化の確立や定着が容易ではなく、時間がかかってしまうのは、社員の行動習慣を変えなければならないからです。

会社に入り、研修を通じて経営理念や目指すべき社員像などについて教えられたら、たちどころに社員の行動や考え方が変わる、などということはあり得ません。なぜならば、一人ひとりの社員には、入社以前の環境で身についた対人対応や組織活動の習慣が深く無意識のレベルにまで根づいているからです。

新卒の新入社員の場合は、大学や高校時代に身につけた行動習慣があり、それが社会人として企業活動を行なううえでは不適当なこともあります。ただ、新卒社員は社会人、企業人としての経験がなく真っ白な状態であるのと、若さゆえの適応力や柔軟性の高さがあるので、企業側が的確に研修を実施したり、日々の仕事に携わる中で、比較的スムーズに行動や考え方が変わっていきます。

難しいのは、中途採用者の場合です。前職で一定の経験を積んでいるため、すでに専門的な知識や技術を持っていたり、新たな技能の習得に熱心だったりと、職務実施の面では優れています。しかし、行動習慣の面では、前職の企業で身についた職務習慣や組織意識で行動しがちで、かつそれを自覚的に改善しようとする姿勢も弱かったりします。

また、仕事に対する真面目さ、熱心さは社員として望ましい姿勢ではあるのですが、ときとしてそれが裏目に出ることもあります。真面目で熱心であるがゆえに、社会一般で「よい（善い）」とされる行動習慣に自ら染まってしまい、当社が求める社員像から離れてしまうことがあるのです。

たとえば、組織内での職位が上がり、何人かの部下を持つことになったとき、その責任感から管理職向けの本などを読んだりします。責任感に基づくその勉強熱心さは否定できないし、むしろ評価すべき資質なのですが、読んだ本の中に「課長たるもの部下をしっかり管理・指導しなければならない」と書かれていたりすると、「そうか、部下を管理・指導するのが課長の役割なんだ」と思い込み、社内でもそのように振る舞います。それは参加型ＰＤＣや水平のリーダーシップとは明らかに逆行する行動であり、社員一人ひとりの知恵と工夫で価値創生を目指す当社の組織文化の形成にはマイナスに作用してしまうのです。

人は、知らず知らずのうちに社会の一般通念、世の中の支配的な風潮に影響を受け、自分の行動習慣や価値観、考え方を形成しています。社会一般の風潮や価値観と、当社の組織文化の方向性とは異なっている点が多いため、その差が課題として表面化することは多々あります。

第3章の「貢献するのは『個人』か、『組織』か」の項で、「貢献主体を個人からチームへと移行する改革は、簡単には進みませんでした」と述べました。また、同じく第3章の「個人の貢献をどう評価するか」の項では、「『評価＝査定』という観念が社員の意識に根強くある」と述べました。これらの課題も、社員が世の中一般の理解の仕方を自分たちの会社にも当てはめて考えているために起こったことです。

そうした社員の行動習慣を変えるための、すぐに効く特効薬のようなものはありません。習慣は一貫した鍛錬の反復によってのみ、変えていくことができます。

スポーツを例にすると、わかりやすいかもしれません。どんなスポーツでもパフォーマンスを上げるには、意識して動くのではなく、無意識に動けるレベルにまで達しなければならず、そのためには同じ動作を反復して鍛錬することが不可欠です。同様に働くことに対する特定の習慣を変えていくにも反復訓練しかないのです。

鍛錬は、それ自体を目的として研修などで実施することもありますが、当社で重視しているのは日常の活動を通じての鍛錬です。

その理由は、第一に日常の職務は日々遂行されており、おのずと鍛錬の継続性や反復性の維持が期待できるからです。

第二の理由は、日常の職務はほかの社員とともにチームで遂行することが通常であり、社員同士の相互交流の中で鍛錬を実施できるためです。鍛錬の反復には実行意志の維持が不可欠ですが、意志の継続にチームメンバー同士の切磋琢磨やチームとしてのタガ（本来の意味は、桶の枠組みを固定する輪のこと。ここでは、チームを維持するためのルールや約束事を指します）が有効に作用します。

一般に鍛錬というと、個人の問題として認識されますが、当社では社員同士の相互影響、互いに支え合う関係こそが、行動習慣を変えていく鍛錬にも必要だと考えています。すなわち協働です。

また、どのような行動や態度が、当社の社員としてのあるべき姿かを伝えるために、一九項目の「行動規範」や、「幹部社員のための一三か条」、「時間を有効に活かすための一二か条」といった具体的な行動の仕方を示したテキストをつくっています。

「行動規範」には、たとえば次のような具体的な行動が挙げられています。

・相手に元気よく挨拶をし、明るい職場にする
・思いやりと感謝は言葉と行動で示す
・注意されることを感謝し、自分自身が何をなすべきかを考える
・怒りは一瞬で終わらせ、怒りの気持ちを引きずらない
・報・連・相は自分からする
・自分の意見を正直に伝える。相手の意見をしっかり聴く

・問題意識を共有し、力を合わせて目標を達成する
・三人寄って文殊の知恵を得ている
・「みんなで」するには「ひとりでも」するという強い意志と決意を持つ

一九項目の行動規範すべてを常に意識して実行し続けることは正直難しいと思うため、私が社員たちに言っているのは、「まずは三つほどでいいから、自分で選んで取り組んでほしい」ということです。ただし、実行する三項目を選ぶときには「何となく」では駄目です。自分が「心から身につけたい」と思うことを厳選することが大切です。

本人がそうありたいと本気で欲することを選べば、おのずとその行動を取ることに納得できるし、肚を固めて反復実行ができます。

はじめは意識的に規範に合致した行動をする段階からスタートし、日常の職務の中で繰り返し行なうことで、やがて自然な振る舞いとして、意識しないでも実行できるようになるはずです。その段階に到達してはじめて、「行動規範が身についた」「行動習慣が変わった」と言うことができます。

ちなみに、右の行動規範はもともと二〇項目ありましたが、五年ほど前に各部門からの選任者や人材部のメンバーが中心となり、項目の統合や新規追加を行なって現在の一九項

目の行動規範に改訂しました。それはまさに、以前の行動規範や日々の職務を実践する中で心や行動の習慣を変えた社員たち自身が、組織文化をつくる指針ともいうべき行動規範をさらによいものに変えていくという、組織文化と個々の社員の双方向の関係性をよく表わしています。

エピローグ

「人材マネジメント＝社員を大切にする」ではない

本書で紹介した人材マネジメントの諸制度について、社外の方々とお話をしたり、新聞・雑誌などに記事が掲載されると、次のような感想をよくいただきます。

「クリロンは、社員を大切にする会社なんですね」
「社員への思いやりがありますね」

「社員を大切にする会社」――そうした評価はもちろんポジティブなものですし、そうおっしゃっていただくことはありがたいことなのですが、私としては「社員を大切にする」や「社員への思いやり」という表現には少々違和感も覚えてしまうのです。

たしかに当社では、産休・育休制度を充実させたり、パート社員の「一三〇万円の壁」に対して時給補助制度を設けたりと、社員が働きやすい職場環境をつくることに取り組んできました。また、昇進や給与の体系についても、個々の貢献に見合い、かつ本人が納得できる処遇が与えられるよう、制度を構築し改善してきました。

ただ、そうした社内環境・制度の整備は、単に「社員を大切にする」「社員を思いやる」という目的だけから行なってきたわけではありません。

経営者として、私が常に重視しているのは「企業として生み出す付加価値の向上」であり、それには社員一人ひとりの職務能力や働く意欲を高めること、すなわち社員の成長が大前提であるため、人材マネジメントに力を注いできたのです。

「一三〇万円の壁」の時給補助制度も、育休の早期復帰による会社支援も、補助・支援分の手当を会社が負担したとしても、社員がそれに見合うだけの貢献をしてくれると見越したうえで制度を設計して運用しています。新しい人を雇うより、知識も経験もある社員に長く働いてもらったり、早く戻ってきてもらったほうが、会社にとってメリットが大きいという現実的な経営判断なのです。

また、社員に業務上のさまざまな責任を積極的に委譲しているのも、「仕事にやりがいを持ってもらう」ということ以上に、チャレンジの場を与えて成長を促す目的があります。責任の委譲には、結果責任が伴いますから、責任の委譲は働くうえでのプレッシャーになり、人によっては負担に感じるかもしれません。しかし、当社では成長につながるような負担は必要不可欠なものだと考えています。

私は、よく「社員同士で批判をし合いなさい」とも言っています。それは相手の欠点や失敗を責めること（＝非難）ではなく、自分にも相手にも共通する「あるべき振る舞いや考え方」、言うなれば「会社が掲げる理念や規範」に照らして、それに適合しているかどうかを互いにチェックして指摘し合うことを意味します。

社員同士が互いに批判し合える関係を築ければ、会社はおのずと目指すべき方向に進み、組織文化をつくっていくことができます。ただ、相手を正しく批判するには、自分に対しても他人に対しても厳しさや規律が求められるので、そうした雰囲気に馴染めない社員も出てくるかもしれません。それでも、私としては「社員同士の批判」はどんどんすべきだと思うのです。

つまり、当社の人材マネジメントは、職務や協働を通じた成長を求める社員にはそのための機会を提供するものとなっていますが、すべての社員にとっての「居心地のよさ」「働きやすさ」につながっているかと言えば、必ずしもそうではないのです。

もちろん、社員たちには少しでもよい環境で働いてもらい、彼らが望むような金銭的・精神的な報酬を得て、「いきいきと働いてほしい」「幸せな人生を生きてほしい」という思いは強く持っています。しかし、繰り返しになりますが、経営者としての私の至上目的は、あくまでもクリロンを「価値を創生する企業」として成長させ、存続させることなのです。

もし本書をお読みになり、「よし、わが社でも人材マネジメントに取り組もう！」と構想を持っていただけたのであれば、この点はぜひとも留意していただきたい点になります。酷な言い方かもしれませんが、「社員のため」という動機だけで人材に関する制度をつくったところで、きっと長続きはしないはずです。


経営者がまず考えるべきは、会社が何を目指すかという経営目的です。これからの時代、企業が追求しなければいけないのは「利益」ではなく、「価値の創生」であることは、本書の中で再三述べてきました。

当社が人材マネジメントに取り組んでいるのは、社員一人ひとりの知恵と工夫を引き出して「価値の創生」という目的を実現するために他なりません。そのために社員が力を発揮しやすい環境をつくる一方で、さまざまな責任を担ってもらっています。委譲した責任に対する結果も厳密に評価しています。社員の主体的な納得を尊重したうえで、強制的な枠組みの中での鍛錬を求めることもあります。

人材マネジメントは、仕事を通じて社員の成長を促すための仕組みです。社員を成長させるには、「人を大切にする」という思いやりや優しさだけではなく、経営的な計算や制度設計の緻密さ、「われわれはいかにあるべきか」という規範意識、行動や結果に対する厳しさなども併せ持っていることが不可欠なのです。社員に対する経営者の責任は、専門能力と協働能力とに秀でた働き手となるよう、社員の力を引き出すことにあって、それが真の意味で「社員を大切にする」ことだと思っています。

私は、クリロンを社員の知恵と工夫から価値を創生する企業とすることを目指してきました。「価値創生企業」はいかなる価値観に立ち、人を育て、処遇し、体制やルールを整え、組織文化を培っていくべきなのか。それは、私の一貫した問題意識であり続けています。

価値創生企業の基本をなす考え方は、本書とほぼ同時期の四月中ごろに出版し、ネット販売する『父から子への経営学　価値と協働』（クリロンワークショップ出版）で、詳しく理論的に述べています。「価値創生企業」に関心をお持ちになられた方は、そちらの著作もぜひお読みいただければ幸いです。

二〇二〇年　春

クリロン化成株式会社 代表取締役社長

栗原清一

［著者］
栗原清一（くりはら・せいいち）
クリロン化成株式会社代表取締役社長。工学博士。
1962年、東京都立西高等学校卒業。1966年、東京大学工学部化学工学科卒業。1968年4月、東京大学大学院工学系研究科修士課程修了。1973年3月、同科博士課程修了。1974年5月、クリロン化成株式会社入社。1986年11月、専務取締役に就任。1991年12月、代表取締役社長に就任。現在に至る。

社員がいきいき働く会社
――「人の力を引き出す」クリロンの人材マネジメント

2020年3月11日　第1刷発行

著　者――栗原 清一
構　成――谷山 宏典
発行所――ダイヤモンド社
〒150-8409　東京都渋谷区神宮前6-12-17
http://www.diamond.co.jp/
電話／03·5778·7235（編集）　03·5778·7240（販売）
装丁――――藤塚 尚子
製作進行――ダイヤモンド・グラフィック社
印刷――――新藤慶昌堂
製本――――加藤製本
編集担当――久我 茂

ISBN 978-4-478-10868-0